纪念版

查理·芒格的智慧
投资的格栅理论
|原书第2版|

INVESTING
The Last Liberal Art, Second Edition

[美]
罗伯特·G.哈格斯特朗
(ROBERT G. HAGSTROM)

著

郑磊

译

机械工业出版社
CHINA MACHINE PRESS

Robert G. Hagstrom. Investing: The Last Liberal Art, Second Edition.

Copyright © 2013 Robert G. Hagstrom.

Simplified Chinese Translation Copyright © 2024 by China Machine Press.

Simplified Chinese translation rights arranged with Columbia University Press through Bardon-Chinese Media Agency. This edition is authorized for sale in the Chinese mainland (excluding HongKong SAR, Macao SAR and Taiwan).

No part of this book may be reproduced or transmitted in any form or by any means, electronic or mechanical, including photocopying, recording or any information storage and retrieval system, without permission, in writing, from the publisher.

All rights reserved.

本书中文简体字版由 Columbia University Press 通过 Bardon-Chinese Media Agency 授权机械工业出版社在中国大陆地区（不包括香港、澳门特别行政区及台湾地区）独家出版发行。未经出版者书面许可，不得以任何方式抄袭、复制或节录本书中的任何部分。

北京市版权局著作权合同登记　图字：01-2013-9012 号。

图书在版编目（CIP）数据

查理·芒格的智慧：投资的格栅理论：原书第 2 版：纪念版 /（美）罗伯特·G. 哈格斯特朗（Robert G. Hagstrom）著；郑磊译. —北京：机械工业出版社，2024.3

书名原文：Investing: The Last Liberal Art, Second Edition

ISBN 978-7-111-74897-7

Ⅰ. ①查⋯　Ⅱ. ①罗⋯ ②郑⋯　Ⅲ. ①投资理论　Ⅳ. ① F830.59

中国国家版本馆 CIP 数据核字（2024）第 031281 号

机械工业出版社（北京市百万庄大街 22 号　邮政编码 100037）
策划编辑：王　颖　　　　　　　责任编辑：王　颖
责任校对：丁梦卓　闫　焱　　　责任印制：刘　媛
涿州市京南印刷厂印刷
2024 年 8 月第 1 版第 1 次印刷
147mm×210mm · 9.625 印张 · 3 插页 · 165 千字
标准书号：ISBN 978-7-111-74897-7
定价：79.00 元

电话服务	网络服务
客服电话：010-88361066	机 工 官 网：www.cmpbook.com
010-88379833	机 工 官 博：weibo.com/cmp1952
010-68326294	金 书 网：www.golden-book.com
封底无防伪标均为盗版	机工教育服务网：www.cmpedu.com

导读 | INVESTING The Last Liberal Art

狐狸与刺猬的隐喻

如果你接触过查理·芒格的格栅理论,就会发现芒格真的很像一只狐狸,因为他知道太多的"小"事。

为什么我会这么讲呢?这就要说到著名的"狐狸与刺猬"的隐喻。古希腊有个诗人叫阿基洛科斯,他曾写过一首诗,前半段灰飞烟灭在了历史的尘埃里,传世未绝的后半段如果比较准确地直译过来就是:狐狸多知,而刺猬有一大知。

诗人想表达的意思是,狐狸狡猾,有很多诡计来吃掉刺猬;但刺猬只需要一招就可以保护自己——将柔软的身体蜷缩在坚硬而多刺的壳里。

但如果不加任何先入为主的偏见与主观判断,我们完全可以换一个角度来看待这个隐喻。一位我非常心仪的思想家——以赛亚·伯林,就从寓言故事里跳脱出来,他说,刺猬与狐狸其实可以代表两种人，两种处世哲学，狐狸是百科全书式的，知晓很多事，甚至经常"彼此矛盾"，而刺猬则寻求万事皆一以贯之。他们用不同的方式来理解这个世界，并且将其理解运化到他们的决策程序之中。

所谓的刺猬，是一个拿着锤子看什么都像钉子的人，他将其所有生命重量，置于一个信念的支点之上，归于一个庞大的、中心化的系统，并坚信不疑，固若金汤；而相比而言，狐狸知晓很多道理，即便这些道理彼此矛盾，其内心也可以泰然处之，因为狐狸对他所知道的"小"事也时刻保持着合理的怀疑。狐狸反对坚信不疑某个特定的教条、原则，比如刺猬知道的某件大事。

狐狸多知，不囿于大系统和大主义；而刺猬一招鲜吃遍天，执着、不疑、不善变通。在投资上，有些投资人是刺猬型投资人，比如有的人只擅长景气度投资，用高估值去买成长型企业，但在低成长的大环境里可能就失灵了。而狐狸型投资人往往各方面知识涉猎颇广，善于触类旁通，博采众长，不断学习进化。就像芒格一样，用一块又一块板子，一个又一个桩子，一枚又一枚钉子，一点一点地去搭建"思维模型的格栅"，在联结主义的思维训练下，构建出一个盛大的精神世界。

正如这本《查理·芒格的智慧》要告诉你的，你可以像狐狸一样，通晓各种学问和小事，你可以积累通识智慧，懂一点经济学，懂一点心理学，懂一点物理、生物、数学，甚至懂一点文学和诗歌。芒格的多知，与其教育背景与职业履历相关，他有着多学科的背景，再加上他的行伍戎马、律师生涯，以及几十年的市场历练。

我在这里打了一个狐狸与刺猬的类比，因为使用类比其实非常重要。如《查理·芒格的智慧》书中所言，创新思维有两个重要的步骤：第一步，我们要通过多学科的学习获得知识的基本框架；第二步，我们要了解如何使用类比及其作用。思维模型的格栅就是一个类比。

什么是思维模型的格栅

要知道，知识只能比作颜料而非匠作，在接触了五花八门的海量知识之后，你有可能成为芒格，但更有可能你虽然博古知今但只能纸上谈兵——如果你的知识涉猎够广泛，但缺乏归纳合璧，表达出来就容易变成夸夸其谈。为避免出现这种情况，芒格特别强调要从知识中抽离出一些最精华的模型，学习掌握并融会贯通，形成一种"思维模型的网格"，芒格将其称为"思维格栅"，这是芒格教给我的最重要的一课。

"模型"二字很容易令人望而却步，它们看似是只有理工科学霸才能掌握的高科技。实际上，人们常说的"模型"可能是很简单的，比如鼎鼎大名的资产定价模型只是一个公式，里面的变量其实非常少。那么什么是模型？用一句话来概括就是，任何能够帮助你更好地理解现实世界的人造框架，都是模型，模型是我们思考和理解世界的工具。

生活中有很多常用的模型——比如奥卡姆剃刀（逻辑学）、格雷欣法则（经济学）、泊松分布（统计与概率学）、确认偏误（心理学）、邓巴数字（人类学）、帕累托定律（经济学）、机会成本（经济学）、现金流折现模型（金融学），这些都是无比实用的思维框架。芒格说：首先你要去学习关键学科中的模型，然后将它们放入你的思维网格中，并确保在你的余生里可以对这个网格调用自如。在你的头脑中有很多模型，你应该把你的经验，不管是直接还是间接获得的，分类安置在你的思维网格（即思维格栅）中。

为什么我们需要思维格栅模型？因为如果你只有一个模型，用多了就容易产生路径依赖，导致你可能会扭曲现实来满足模型，而不是更换模型来满足现实。正如芒格所言："如果你手里只有一把锤子，那你看谁都是钉子。"

比如对于一个经济学的学生来说，经典的需求曲线表明商品价格越高需求越低。他拿着这把锤子去敲经济学问题的钉子，很多时候是得心应手的；但碰到某些现实问题，如为什么奢侈品能卖到荒谬的价格而需求居然还越来越大，他就要错乱。此时你就需要心理学或者人类行为学的一些解释，比如这些商品可能是韦伯伦商品，其需求随价格升高而升高，它们不仅有浅层次的效用，更深层次地与心理学、社会学有关。

我再举个自己的例子来说说单一模型的局限。我不敢说自己是价值投资者，但我赞同价值投资理念。我认为格雷厄姆式的"价值投资"其实就是一个思维模型，简而言之它包括四点：

1. 以研究企业的视角来研究股票。

2. 在内在价值的巨大折扣上建立安全边际。

3. 在市场低迷时买入，在市场狂热时卖出。

4. 保持理性。

价值投资理念就像是一把正确的锤子，我拿着这把锤子放眼望去，看见世界上有好多钉子，它们看起来很有价值，但实际情况根本不如我所愿。

比如在一些中概股私有化公司的投资中，虽然我最后获利了，但是与我的预期相差甚远，可以说是失败的投资。当我挥动价值投资这把锤子的时候，我认为这些愿意以远高于市场价格私有化自己的公司是有价值的钉子。我曾以为在价值投资这个模型里最难的部分是"确定内在价值",在中概股私有化公司投资的案例中这个难题似乎如此简单明了,于是我义无反顾地像格雷厄姆那样进行了价值投资。但最后,我没有失算于计算内在价值,而是失算于建立安全边际。

安全边际要解决的问题其实是风险控制,而风险控制里最为重要的一点是不要与虎谋皮,用芒格自己的话来说就是,"远离有问题的人"。资产价格数字上的折扣固然诱人,但不考虑更广义的安全边际,再大的折扣也是陷阱。所以即使价值投资是如此正确的一把锤子,你也不能只有这一把锤子。

现代教育的逻辑是在专才化之前先要通才化,现代大学的教育目标也不是培养学生仅掌握一技之长,而是培养他们掌握受益终生的能力。芒格认为投资也是如此,投资不是某种单一的特殊技能,投资的核心是决策——投或不投,做多或做空,投多少以及何时投。而决策能力需要思维格栅,需要你像机器猫一样有个袋子,里面装满各种各样的思维模型,因为任何单一模型再完美,都会有自己的局限性。当然,肯定有一些模型比另一些模型更好用。在所有的模型中,芒格本人最爱其中两个,一个是"机会成本",另一个是"激励机制",他认为通过这两个模型可以参悟许多事。融贯更多的知识,参悟更多的事理,你才有可能成为一个长期成功的投资者。

阅读本书的意义

《查理·芒格的智慧》这本书的意义，就是引领你建立自己的思维格栅，走上长期成功之路。金融投资市场与物理学、心理学、生物学、社会学、人类学等的结合点，就是本书之于投资实战的意义。书中通过每一个学科来拆解市场，宛似拆解一只钟表，以钟表的机芯、齿轮来理解整个机器。举例来说，这本书屡次谈到达尔文的进化论，指出自然从不飞跃，只是渐进演变，适者生存。这是一个强大的理论，将其引申到金融市场，我们会发现并不是最聪明的人赚最多的钱，智商并不决定投资者是否能投资成功，不然你会看到顶级数学家、物理学家成为福布斯榜上的富豪，这显然与事实不符。市场往往淘汰试图与其比武的人，而留下能够与其共舞的人。投资是一个渐进的游戏，某个投资者可能有一个时期突飞猛进（比如在一个意料之外的大牛市里满仓了股票），但其长期收益还是会被拉成一个平均数字（前提是他不胡乱操作），正如某个人可能会活到120岁，但一群人的平均寿命只有七八十岁一样。当然，进化论以千万年作为时间丈量的尺度，投资不可能那么岁月悠长，但是可以降低到十年的尺度来考量。不管怎样，如果投资者抱着只争朝夕的思维去投资，注定会沦为零和游戏中的失败者。

学习芒格的格栅思维，还有一点很重要的，就是要毫无保留地承认世界的复杂性。我认为在金融市场中有两个术语是常思常新的：一是复杂性，市场的复杂往往很难进行单一归因；二是行为金融，承认人性是非理性的，以及市场不是一台机器。市场是复杂的、非理性的，同时也是人类情绪的产物。但复杂也是一件好事，复杂系统的解决方案往往来自于个体输入的多样性，这种多样性形成的复合知识群，使复杂系统往往更加坚固，不易于被摧毁，有些时候甚至不可能被摧毁。

因为金融世界的复杂性，所以投资者不可能仅凭一门学科或技能就在市场上游刃有余。复杂的世界需要通才，需要通识智慧，这本书将涉及金融投资、经济行为的庞杂知识汇总起来，让读者可以快速建立芒格式思维格栅的框架，并按照书中的多学科知识脉络指引，走进芒格投资哲学的大门。作者哈格斯特朗曾出版过《巴菲特之道》等多部畅销书，作为一位研究巴菲特和芒格的资深作家，同时也是一位有40多年从业经历的投资组合经理，他通俗易懂的写作让阅读这本书成为一种愉快的体验。

陈达

2024年4月

前言 | INVESTING The Last Liberal Art

2000年，我写了一本书，书名是《从牛顿、达尔文到巴菲特：投资的格栅理论》(Latticework:The New Investing)㊀，这是在听过查理·芒格关于如何获得"通识智慧"的讲座之后，我对投资所做的文理方面的解读。也许有些人不知道查理·芒格何许人也，他就是伯克希尔-哈撒韦公司的副主席，沃伦·巴菲特的投资搭档。而且，毫无疑问，他也是全球最伟大的投资人之一。

之所以选择"格栅"(latticework)作为书名，显然是想表达我的这本书与芒格的投资方法之间有着非常明显的联系，他的"思维格栅模型"是投资者耳熟能详的概念，至少我是这样认为的。我一直都认为，作者总是善于写作，而市场专业人士更擅长拟定标题和向公众传播。出版那部书的第二年，出版商决定再推

㊀ 此书已由机械工业出版社于2002年出版，作者原中译名为汉格斯特龙。——译者注

出平装本，并将书名改为《投资：自由艺术的绝响》(*Investing: The Last Liberal Art*)。结果如何呢？这本书激起了大家广泛的阅读兴趣。于是，当哥伦比亚出版社问我是否愿意对原版做一次修订，出第2版时，我立刻答应下来，抓住了这个好机会，这就是你手上拿着的这本《查理·芒格的智慧：投资的格栅理论》。之所以这样做，是因为：我深信这本书的价值和所提供的经验教训，此其一；更重要的是，在过去的10年中，我积累了大量的新知识（至少不只是对我而言）。举个小例子，这本新版书的参考文献增加了近100个新条目。

这本新版与原版的整体结构是一样的。我们回顾了物理学、生物学、社会学、心理学、哲学、文学中主要的思维模型。在此基础上，我们增加了全新的一章——数学，最后以决策过程作为结尾。对于已经阅读过第1版的读者来说，你们会重温那些经典的模型，但也能读到每章中新增的大量知识和资料，这是一个关于学习是持续不间断过程的最好证明。

请牢记一点：这不是一本指导投资的书。你在其中不会找到选股步骤或者管理投资组合的技巧。然而，在读完这本书之后，如果你愿意花点时间去思考那些有挑战性的想法，它会为你思考投资提供一个新的途径，你对市场和经济运转的理解将更为清晰、明确。因为你的理解不是来自经济学和金融学的教科书，而是根植于一些表面不相关的不同学科的基本原理，它们和传统的文理科教育中的内容完全一样。

为了掌握这些新知识，你将和我一起纵览这些知识领域，探讨每个领域的基本概念。有时，我们要从历史回顾入手，了解这些概念的起源，再继续往前推进；我们将探讨这些概念和投资、市场是如何关联的。通过阅读，在那些伟大思想的引领下，我们将形成一个新的思考投资的原创理论。

不得不承认的是，写作这本书确实不是一件易事，我需要深入几个不同的学科，然后将其精华凝练、融进短小精悍的章节中。毋庸置疑，这本书涉及到的学科是比较宽泛的，并采用简明易懂的方式写作。如果你恰巧是其中某个学科的专家，可能会质疑我的一些表述，或者指出其中遗漏的概念。不过，我希望你能理解，如果不这样处理的话，这本书就不会只是几百页的篇幅，而可能会变成一部百科全书。在写作这本书的时候，我意识到，向大众传授通俗易懂的知识，远胜于向少数需要写作论文的人提供包罗万象的信息。出于这个原因，希望你能理解为何本书每一章的内容只限于介绍基础知识。

即便如此，有些读者可能还会觉得阅读本书是一项挑战，和我在写作这本书时的感受一样。这种挑战存在于两个层面。第一，一些章节涉及的学科可能是你不熟悉的，在阅读这些章节时会让你联想到学术专著。毫无疑问，我希望你能从中得到有趣又有益的新思想。第二，因为每章都是一个全新的研究领域，全书只有读到最后才能获得最大的启发。这是一个逐渐积累的过程，每一章都累加了一种新的思维模型。我尝试着指出一般性结论和一些思想联结，但是我的评说无法取代你自己通过研究和深入思考得出的个人看法。

阅读这本书需要有好奇心和很大的耐心。在这样一个要求在最短时间里满足个人需求的世界里，这本书可能是个特例。然而，我一直认为，在通向伟大思想的路上，没有捷径可走。我们只能从基础入手。

基于多学科的思维方式是格栅理论的核心所在。仅获取和掌握会计学、经济学和金融学知识是不够的，我相信，为了获得良好的投资回报，我们还需要了解更多。这需要具有探索真知的热忱，不管某些学科第一眼看上去与投资多么无关，或者它们采用的是十进制还是别的数字体系。

由于困惑，投资者经常会做错事。在我看来，这是因为投资者所学的基础知识和经验教训，没能让其建立起对市场运行以及投资者应如何操作的全面认识,这就难免会产生迷惑,会犯错。如果我们不理解某件事,那么就会有一半的可能做出错误的决定。如果这本书能够提高你对投资和市场的理解,哪怕只是一点点,你也离成功更近了一步。

罗伯特·G.哈格斯特朗

目 录

导　读
前　言

第 1 章　思维格栅模型 ▪1

为了更清晰地说明他的观点，查理用了一个形象的名词描述这种思维方式：格栅模型。"在你的头脑中有很多模型，"他解释道，"你应该把你的经验，不管是直接还是间接获得的，分类安置在你的格栅模型中。"

第 2 章　物理学 ▪19

物理学在所有科学中占有无可匹敌的地位。它拥有基于数学的精确性和不可动摇的理论，它的确定性让我们沉迷，给出的绝对答案让我们安心。所以，当我们知道其他科学在寻找答案或隐藏在纷杂表象之下的规律时会先从物理学出发，也不会吃惊了。

第 3 章　生物学 ▪39

在自然界，进化程序是自然选择的过程，用进化的概念看待市场，我们可以观察经济的选择法则。

第 4 章　社会学　▪ 69

个人投资者和股市之间的关系，就像一群人之间的关系，是一个重大的课题。400 年来，这个问题让富人、穷人、聪明人和笨蛋困惑不已，而这也是我们本章要探讨的事情。

第 5 章　心理学　▪ 101

查理提醒我们要战胜思维捷径。他认为人们太容易得出一个结论了，人们容易被误导、被操控。"就个人来说，我曾经也是如此，所以现在我通过两种方法来分析。"

第 6 章　哲学　▪ 129

我们生活工作在一个不断变化着的世界；当你认为事情不再前进时，它的轨迹就加速了。在这样的世界里，成功的表现需要灵活的思想。在一个迅速变化的环境里，灵活的思想总是能够超越僵化绝对的思想。

第 7 章　文学　▪ 161

作为读者，我们面对的挑战是接受知识，并将其整合到自己的思维格栅模型里。这件事能做得怎么样，取决于两个方面：作者写作的能力，以及读者深入思考的技巧。

第 8 章　数学　▪ 195

"在哈佛商学院，"查理·芒格解释道，"第一学年的学生，做得最多的数量化练习就是被他们称作决策树的理论。他们所做的就是将高中所学的代数用于解决现实生活中的问题。

第 9 章　决策过程　▪ 229
为了让自己关于单一思维的说法更易理解,查理经常引用一句格言:"对于一个手里只有锤子的人来说,他看到的每个问题都像是一枚钉子。"

附录:圣约翰学院推荐阅读书目　▪ 256

注释　▪ 260

参考文献　▪ 272

致谢　▪ 282

译后记　▪ 285

第1章

思维格栅模型

1994年4月,南加州大学马歇尔商学院,在吉尔福·巴考克(Guilford Babcock)教授的投资研讨班上,他的学生们上了难得的一课:从一位创设了被认为是无价之宝的投资理论的人那里,接受了有关真实世界的宝贵知识。

查尔斯·芒格,大家更喜欢叫他查理,投资界都知道他的大名,他担任伯克希尔-哈撒韦公司的副主席,该公司由世界闻名的投资人沃伦·巴菲特经营。查理早期曾以律师身份入行,他是巴菲特的业务搭档和朋友,是一个直言快语的人。只要他开口讲话,总能引起关注。

芒格聪慧绝伦,但总爱将自己隐藏在他那更知名的搭档身后。出现这种隐姓埋名的状况并非巴菲特的错,只因芒格为人十分低调。除了偶尔在南加大以及在令人瞩目的伯克希尔-哈撒韦年会上现身,芒格始终置身于公众视野之外。甚至在公司年会上,他也只做一些简短评论,而把大多数回答股东提问的活儿让给巴菲特。偶尔他会做些补充说明,当他开口时,那些参会股东就会挺直身子,聚精会神地听他讲话,生怕漏掉一个字。

在4月的那天,巴考克教授的教室里的气氛也是如此。学生们知道是谁在给他们上课,知道将会从非常大牌的投资专家那里受益匪浅。他们的收获绝对是非常有价值的。

一开始，芒格就恶作剧地说要在正式开始讲课之前，和听众玩儿个小把戏。他没有讨论股票市场，而是在谈"挑选股票是通识智慧的一个应用分支"。[1]在后面的一个半小时里，他向学生提出挑战，扩大了他们在市场、金融学和经济学方面的眼界，启发他们不要把这些知识当作相互孤立的学科，而是当作一个结合了物理学、生物学、社会学、心理学、哲学、文学和数学的知识体系。

在这个更宽广的视角下，他认为各个学科是相互交融的，而且彼此在交融的过程中都得到了加强。一个爱思考的人会从每个学科中得到非常出色的思维模型，在重要的想法中相互借鉴，产生融会贯通的理解。在这个方向上深耕的人，正在逐步掌握通识智慧，而那些固执己见于某个学科的人，即便能够成功，也只是昙花一现。

为了更清晰地说明他的观点，查理用了一个形象的名词描述这种思维方式：格栅模型⊖。"在你的头脑中有很多模型，"他解释道，"你应该把你的经验，不管是直接还是间接获得的，分类安置在你的格栅模型中。"于是，格栅理论很快就在投资界传播开来，成为识别芒格方法的一个简单的标志。

⊖ 芒格在1994年提到的格栅（Latticework）这个名词，可以理解为现代的"网格"一词。

芒格经常应用他的思维格栅。比如，在伯克希尔－哈撒韦的年会上，他经常引用刚刚读过的某本书中的话，为巴菲特的回答做补充说明。这种引述通常一开始看上去和投资无甚关联，但是经过芒格的一番解释，马上就变得相关了。这并不是说巴菲特的回答是不全面的，情况绝不是这样，只是芒格有能力把巴菲特的想法与其他学科的近似观点联系起来，从而有助于听众加深对问题的理解。

查理·芒格对其他学科的关注是有目的的。他坚信，通过整合不同学科的思维模型建立起的思维格栅，可以帮助投资者获取超额投资回报。如果从不同学科的角度能得出同样的结论，那样做出的投资决策会更正确。这才是最大的收获——更全面的理解让我们得以成为更棒的投资者。这是显而易见的道理。但是其影响还不止于此。那些致力于理解通识智慧的人，能更好地为人处世，他们不仅能成为好的投资者，同时还是好领导、好市民、好父母、好配偶和良师益友。

如何才能获得通识智慧呢？简单地说，这是一个渐进的过程。首先，要从许多不同的知识领域获取那些有价值的概念，或者说模型，其次是学习如何识别其中类似的模型。前者是自我学习，后者是学会从不同角度思考和看待问题。

从各种学科里汲取知识，看上去是个难以完成的任务。幸运的是，你无须成为每个领域的专家。你只需要学习基本原理——查理称为"了不起的思想",你要真正掌握它们,让它们为你所用。本书的后面几章,可以作为自学的起点。每一章探讨一个专业学科——物理学、生物学、社会学、心理学、哲学、文学和数学,从这些学科对格栅模型的贡献角度展开讨论。当然,读者还可以从其他多个来源开始探讨。

在这一点上,常会听到这样的质疑:"这难道不是高等教育该做的事情吗——教会我们近几个世纪发展出来的重要概念?"当然是。大多数教育者会满怀激情地告诉你,建立在大学文理科的基础上的课程表是最佳的,也许是唯一的培养人才的途径。很少有人对此抱有异议。但是在现实生活中,我们的社会更偏重知识的深度而非广度。

这完全可以理解。因为学生和他们的父母在高等教育上投入了金钱,他们期望这笔投资能够在学生毕业后马上以提供好的工作机会作为回报。他们知道,大多数企业的招聘官要求员工能够马上用专业知识为公司做出贡献。这就无须奇怪,为何今天的学生除了专业知识,拒绝接受广泛的文理科教育了。这当然是可以理解的。但是,正如我说的,我认为这样做并不好。

这是历史上的一个重要时点,我们得到了一个优秀的教育模式。我们也许应该更多地给予关注。

■ ■ ■

在 1749 年夏天,《宾夕法尼亚公报》(Pennsylvania Gazette)的订户除了当天的报纸,还收到了一本该报出版人本杰明·富兰克林撰写的小册子。在这本题为"关于宾州青年教育的建议书"中,他表达了"本州年轻人没有接受过学院教育"的遗憾。² 康涅狄格州和马萨诸塞州的青年人早就可以入读耶鲁和哈佛了,弗吉尼亚人也有威廉和玛丽学院,新泽西州的学生可以就读新泽西学院(后来改称普林斯顿大学)。然而,作为美国最大和最富裕的城市,美其名曰"美洲的雅典"的费城,却没有一所高校。在这本手册里,富兰克林提出了解决这个问题的办法,就是建立费城公共学院。

在那个年代,富兰克林的想法是很独特的。当时的哈佛、耶鲁、普林斯顿以及威廉和玛丽等院校,是用于培养神职人员的,它们的课程安排着重于经典著作的研究,而不包括让年轻人为将来进入商界和公共服务领域做准备的实用性课程。富兰克林希望费城公共学院能两者兼顾,既强调传统的经典领域(用他的话就是"装点门面"),也要实用。"就青年们的教学而言,"他写道,"如果既能教给他们有用的东西,又能教会他们如何装点门面,那样当然很好。但是,知识是永无止境的,而时间却很有限,所以应该让他们从未来将要从事的若干职业出发,学习这两方面的最精要最有用的知识。"

今天,富兰克林提议建立的费城公共学院已经变成了宾夕法尼亚大学。前文理学院院长,理查德·比曼(Richard Beeman)博士这样描述富兰克林的成就:"本杰明·富兰克林提出了首个现代课程表,"他解释说,"而且是在最好的时机提出的。"[3] 在18世纪,随着数学和自然科学的新发现不断涌现,全世界的知识基础发生了爆炸性的大突破,传统课程表中的希腊语、拉丁语和圣经,已经无法解释这些新知识。富兰克林建议公共学院的课程中包括这些新领域,然后他又更进了一步,他建议学生们掌握必要的技能,以便未来能够在商业和公共服务领域取得成功。一旦学生们掌握了这些基本技能——当时包括了写作、绘画、演讲和算数,他们就能够集中精神获取知识。

"几乎一切有用的知识都可以通过学习历史来获取。"富兰克林写道。但是他所指的要比我们惯常所说的历史学科要宽泛得多。"历史"包括了一切有意义和有价值的东西。富兰克林提倡年轻人学习历史,指的是他们应该学习哲学、逻辑学、数学、宗教、政府、法律、化学、生物学、医疗保健、农业、物理学和外语。对于那些担忧这些沉重的学习任务是否真正需要的人,富兰克林的回答是:这不是负担而是上天赐予的礼物。如果你通读各国历史,你将更加了解人类。

本杰明·富兰克林是"文理科通识教育的发起人，"比曼指出，"他致力于培养人们养成思考习惯的事业。费城公共学院是一个提供终身学习的广阔平台。当然，富兰克林本身就是一个完美典型。他始终保持思想开放，对知识孜孜以求。作为一位教育家，他是我心中的英雄。"

比曼继续说道："本杰明·富兰克林在教育方面的成功，是建立在3项原则之上的。首先是学生必须学习基本技能：阅读、写作、算术、物理和讲演。然后引导学生们去学习进入知识的海洋，最后通过指导学生发现不同知识之间的联系，培养他们的思考习惯。"

从富兰克林提出建议，到250年后的今天，美国的教育界一直在讨论教育年轻人思考的最佳方法。大学管理者也在不断调整课程设置，以求吸引到最好的学生。对当期教育体系的批评依然有很多，而且看上去有理有据。尽管有种种不尽如人意之处，我们的教育体系在提供技能和传授知识方面还是做得不错——这就是富兰克林提到的前两个重要原则。做得不够的是第三个原则：在不同知识之间探索的"思考习惯"。

我们能够改变这种状态。即便我们早已远离学校，仍然可以用自己的方式，在不同的知识领域里找寻其中的联系——你真正理解了的那种联系。

■ ■ ■ ■

很容易看出,培养富兰克林式的"思考习惯"和采用比曼教授的精辟说法,就是获取查理·芒格"通识智慧"的关键所在。但是,说起来容易做起来难。对我们大多数人来说,这和我们既有的思维方法相反。在花费多年时间学习一门专业学科之后,我们现在被要求去自学其他学科知识。我们被要求不要局限在学过的学科里,要突破自己的专业藩篱,看看周边的世界。

对于投资者,这样做的回报是丰厚的。当你跨越了眼前的藩篱,你就能够观察到在其他领域发生的类似情况,辨别不同的思维模式。然后,一个概念会被另一个概念强化,这个概念又会被第三个概念强化,如此不断发展,你会发现自己走在正确的道路上。关键是找寻不同思维之间的联系。幸运的是,我们人类的大脑一直都是这样工作的。

■ ■ ■ ■

1895年,一位名叫爱德华·桑代克(Edward Thorndike)的大学毕业生跟从哈佛大学心理学家和哲学家威廉·詹姆斯(William James)研究动物行为。我们在后面还会在讨论其他问题时讲到威廉·詹姆斯。现在我们感兴趣的是桑代克有关人类和动物的学习发生过程的开创性研究。桑代克是第一位发现了我们现在称为刺激反应现象的人，在刺激和反应之间形成联结时，学习行为就发生了。

桑代克后来在哥伦比亚大学继续他的研究，在那里，他和罗伯特·伍德沃思（Robert Woodworth）紧密合作。他们共同研究了知识传递过程。他们在 1901 年出版的研究论文中总结道，在一个领域的学习不会对另一个领域的学习提供帮助，他们指出，只有在原来的领域和新领域存在相似要素时，学习才能传递。也就是说，如果我们理解 A，而且辨识出 B 中有和 A 相近的东西，那么我们就更容易理解 B。从这个观点来讲，学习新概念，与其说是改变一个人的学习能力，还不如说是丰富了其知识结构。我们学习新学科，并不是因为我们变成了更好学的人，而是因为我们变得更善于识别各种模式了。

爱德华·桑代克的学习理论被称为联结主义（connectionism），该理论成为当代认知科学（认知科学研究大脑如何工作——我们如何思考、学习、推理、记忆和做决定）的核心理论。联结主义心理学说来自于桑代克对刺激-反应模式的研究，认为学习是一个试错过程，对新状况的正面反应（刺激），实际上会改变大脑细胞之间的联系。也就是说，学习过程影响了神经元之间的突触联结,当大脑接收到新信息并且识别出其中的相似模式之后,这些突触会不断做出调整,以适应并接纳这些新信息。大脑可以把相关的联结串接成环,并将所学转移到相似的情境中去。因此,智慧可以被看作一个人能够学习和掌握更多这种联结的能力。

由于联结是强大的新的信息系统——人工神经网络(artifical neural networks)的核心,因此联结主义得到了商业领袖和科学家的普遍重视。这种网络更常被称为神经网络,人们尝试复制这种比传统电脑更接近人脑的工作方式。

在人脑中,神经元是在被称为网络的群组中工作的,每一组中都有几千个相互联结的神经元。我们因此可以将大脑看成一个神经网络。换言之,人工神经网络就是模仿大脑结构的计算机:它们包括数百个处理单元(类似神经元),相互联结成一个复杂的网络。(令人惊奇的是,神经元要比硅晶片的速度慢好几个数量级,但是大脑通过大量的联结,提高效率并弥补了速度的不足。)

神经网络的强大功能和有别于传统计算机的特质,是它能够调节神经单元之间的链接,就像大脑里的突触一样,可以根据任务的不同而减弱、增强甚至是重建链接。和大脑一样,神经网络也可以学习。它能够识别复杂的图形,将新的内容归类到图形中,并找出新数据之间的联系。

我们正在了解如何将这种技术应用到商业中。比如说：婴儿食品制造商可以通过该技术管理奶牛的期货交易；软饮料生产商可以将它作为"电子鼻"，探测可能出现的异味；信用卡公司能用它来检测假签名，或通过消费习惯的改变辨别出欺诈行为；航空公司用它来预测航班需求；邮局用它来识别肉眼难以辨别的字体，而电脑公司则可以用它来开发能够识别电子邮件中的手写便签的软件，或可以绘制餐巾纸图案的软件。

▪ ▪ ▪ ▪

建立和运用思维格栅模型的过程是思维的创新，是可以让许多人惊讶的过程。幸运的是，我们有方法可以让这个过程更易于理解。

新墨西哥州的圣达菲研究所（Santa Fe Institute）集研究与教育为一体，吸引各路物理学家、生物学家、数学家、计算机科学家、心理学家以及经济学家来研究复杂的适应系统（adaptive system）。这些科学家尝试理解以及预测免疫系统、中枢神经系统、生态学、经济和股票市场，而且他们对创新思维极度感兴趣。

密歇根大学的跨领域教授（心理学、工程学和电脑科技）

约翰·H. 霍兰德（John H. Holland），是圣达菲研究所的常客，他在此做过很多场有关创新思维的演讲。根据霍兰德的理论，创新思维需要我们掌控两个重要的步骤。第 1 步，我们要明白我们获得知识的基本框架；第 2 步，我们要了解如何使用类比及其益处。

你会发现第 1 步和查理·芒格所说的获得通识智慧的前半部分一模一样。将思维的各种模型联结起来并从中受益的能力，表明你对格栅的每个模型都有基本的认识。在不懂每个模型的运作模式和它所描述的现象的情况下，将思维模型混合在一起是毫无用处的。要记住，虽然你不用成为每个模型的专家，但仍需掌握这些模型的必要的基础知识。

第 2 步是寻找类比——乍一看上去挺奇怪，尤其是当你联想到 9 年级时上过的英文课。类比的最简单定义是通过非常态的、间接的方式传达想表达的意思。当我们说"工作就是炼狱"，不是在表达我们整日被烈火煎熬，还要铲除灰烬；而是说今天上班真的很累。类比可以作为一种简明的、难忘的、生动的方法来表达情绪。更进一步，类比不仅可以通过语言表达，也能通过思想和动作表达。在《身边的比喻》（*Metaphors We Live By*）中，语言学家乔治·拉科夫（George Lakoff）和马克·约翰逊（Mark Johnson）说"我们借以思维和行动的概念系统在本质上基于类比"。[4]

但霍兰德说，类比不仅仅是一种生动的表达方式，它甚至比其所代表的思考过程更深入，它还可以帮助我们将想法输入到模型中。而这则代表着创新思维。按照相同的方法，类比可以通过与一个熟知的概念做比较来解释新概念，通过简单的模型来描述一个思想，以帮助我们理解一个类似的复杂的思想。这里，我们用一个概念（源）更好地理解另一个概念（标的）。通过这种方式，类比不仅可以用来表达已经存在的思想，还能够激发新思想。

根据《前沿》杂志那些令人难忘的系列报道，詹姆斯·伯克（James Burke）在《关联》（Connections）一书中写道，很多情况下，发明家因为观察到期望结果（标的）与前人发明（源）之间的相似性而制造出了新发明。汽车就是最经典的例子。汽车的汽化器与香水瓶有关，而香水瓶和18世纪一位想利用水蒸气的意大利人有关。阿历山德罗·沃尔塔（Alessandro Volta）的电子枪发明出来原本是为了测试空气的纯度，125年后被用于点燃汽化器中的燃料。汽车齿轮源于水车，而引擎的活塞和气缸可以追溯到托马斯·纽科门（Thomas Newcomen）为煤矿排水系统设计的抽水机。由此可见，每个主要的发明都与早期的某个想法有联系，这就是能够激发原有想法的模式。

对我们来说，我们希望了解的主要课题（标的）是股票市场或经济。这些年我们在金融领域积累了无数的源模型，用来解释股市和经济中的现象，但这些源模型常常不尽如人意。而市场和经济的表现至今仍然是谜团。现在应该是时候扩充到不同的领域，来研究我们对市场的认知。探索更多的领域，我们就更有可能找到厘清谜底的共同机理。我们追求的创新思维，通常是在两个或更多不同思维模型的结合中产生的。

格栅思维模式本身就是一种类比，而且是一种浅显的类比。每个人都知道格栅是什么，很多人和格栅有过亲密接触。没有一个动手能力强的人没用过 4×8 的格栅。我们用它来装饰栅栏，搭凉棚，做葡萄架。用格栅来处理一系列的思维框架，只不过是它的用途的一个小小的延伸。

像很多第一眼看上去很简单的思想一样，我们越了解格栅理论的类比，就越明白它的复杂，也越难将其看作一个纯粹的思维模型框架。我们知道大脑在收集和处理信息时很灵活。所有的教育家都知道对学生要因材施教；因此最优秀的教育家手握一串可以开启不同思维逻辑的钥匙。

类似地，我发现我自己也在用不同的类比来表述格栅模型的概念。面对那些拥有高科技背景的人，我常常将创建格栅模型的过程与设计一个中枢神经网络相比较，他们很快明白格栅模型可能具有的强大能量。与数学家交谈时，我可能会让他们回忆一下由乔治·布尔（George Boole）提出，并由哈佛大学的加勒特·伯克霍夫（Garrett Birkhoff）在《格栅理论》（*Lattice Theory*）中完善的那个概念，这个同名的理论让我们对格栅模型有了双重强化理解。心理学家很容易将格栅理论与联结理论联系起来，教育家将它与大脑追寻和发现新模式的能力联系在一起。面对那些善于探究人性的人，我会谈及类比的价值，以期拓展我们对类比的理解。其他像我这样非科学界的人士，通常对格栅间的小灯泡这类描述方式反应强烈。

一天下午我凝视花园的篱笆时灵光一现。篱笆上是一片装饰性的格栅，篱笆被标杆分成一条一条，而格栅又被篱笆分成一块一块。我一边看着篱笆，一边在琢磨着思维模型，慢慢地开始明白：每块格栅就像一个知识领域；靠近车库的那块是心理学，再边上的那块是生物学，等等。两个格栅的链接可以看成学科之间的交叉部分。接下来在大脑非凡的推理过程中，我突然想到门外圣诞节的装饰，然后我想象到，装饰节点上的微型灯泡。

假如我急切地想知道市场趋势或要做一个投资决定，我会将不确定的因素用格栅思维排列。首先我应用生物学的思维模型来预测，我可能会看到很多灯泡亮着。然后到下一个部分，比如心理学，有另外一些灯泡亮着。当我观察到第3个部分、第4个部分的灯泡也亮着的时候，我对自己有了信心，因为最开始不是很肯定的想法现在已经被验证。相反，如果我在思考一个问题时，没有看到亮着的灯，我会将其看作办法行不通的依据。

这是格栅思维模型的强大之处，它可不仅仅能解决如何选股这种小问题。它能够让你全面地了解市场之力——新的产业和趋势、新兴市场、现金流、国际市场变化、经济形势以及市场参与者的反应。

查理·芒格曾在南加州大学做过一场语惊四座的讲座，他告诉金融专业的学生，要将投资看作通识智慧的一部分，两年之后他又语出惊人，这次他是在斯坦福法学院，很详细地谈到他对格栅模型的关注。[5]

他第一次这样介绍他的基本观点：真正的学习和持续的成功属于那些首先构建出格栅思维模式，然后运用整体性、多样性的方式思考的人。他提醒到：这可能需要花一些精力，尤其是当你已经接受了专业教育的时候。一旦这些思维模型刻入你的大脑，你就能理智地应对各种不同的情况。"你可以明白和掌握能够更好地解决所有问题的方法。你要做的是理解它，构建出正确的思维习惯。"很明显本杰明·富兰克林也这样认为。

我相信那些愿意将不同的思维模式联系在一起的人更有可能获得超常的投资回报。当这种情况发生的时候，查理所说的"特别强大的力量"将会发生。这不是一加一等于二的问题；它拥有临界物质爆炸的威力，也就是查理所说的"超级强大的力量"。

这就是本书所展示的投资哲学的核心：开发出一种将金融和投资看成整个社会的一部分，所有知识的一部分的理论模型。如果处理正确的话，它一定会产生超级强大的力量。我认为这是我们获得成功的长期投资的希望所在。

最后我们用查理的一段话做一个总结。在回答斯坦福的学生关于开发思维模式的方式问题时，他说：

"通识智慧是非常非常简单的，有一些相应的准则和真正的大智慧，寻找它们的过程很有趣。重要的是，这种乐趣不会终止。更重要的是，我们从中可以获得很多财富，我自己已经测试过了。

我希望你们做的事情并不难，而回报很丰厚……拥有这种智慧会对你的生意很有帮助，让你有法律保障，让你的生命有意义。让你的爱情更美满……它让你有能力帮助他人，帮助自己，让生活妙趣横生。"

第 2 章

物 理 学

物理是研究物质、能量以及两者之间相互作用的科学——这种研究，换句话来说就是研究宇宙如何运转。它包括控制运动、声音、光、热、电力、磁力以及它们的各种形式的各种作用力，从最小的亚原子颗粒到整个太阳系。它是很多著名定理——万有引力定理、让人眼前一亮的量子力学理论和相对论的基础。

这是严肃的、常常让科学界以外的人望而却步的领域。它在投资者的格栅思维模型中能起到什么作用吗？我认为有作用。

肯定有很多人认为物理对普罗大众来说太难理解了，或者太抽象而无法在当代金融领域里有所应用。如果你也这样认为，就想一想上次你去古董店的时候吧。如果古董店里有很多某一类古董，你就可以讨价还价。另一方面，如果你看上了一件珍品，你很有可能会因为希望拥有它而花很多钱买它。古董店里的这一幕就是供求原理，这也是均衡理论的一个纯粹而经典的例子。而均衡理论又是物理学领域里的一个基本概念。

这些理论如何被发现，以及它们现在如何通过不同的形式在金融和经济领域中被运用，是这一章要讨论的话题。

▪ ▪ ▪ ▪

让我们从最重要的人物艾萨克·牛顿爵士开始,他被历史学家认为是最伟大的科学家。1642年圣诞节,他出生于英格兰林肯郡的一个农场中。当时从这个家庭的环境,完全看不出来这个早产、多病的婴儿,会有日后的伟大成就。他的父亲是文盲,在艾萨克出生之前的几个月就过世了。因为贫穷,母亲迫不得已离开了牛顿,让奶奶照料了牛顿9年。牛顿在年轻的时候沉迷于制作精巧的风车、滴漏和老鼠拖动的玉米研磨器。这段经历在后来他设计自己的科学实验时有很大的帮助。因此,在没有正规的数学或科学背景的情况下,19岁的牛顿进入了剑桥大学的三一学院,这是个充满新思想的奇幻世界。

在牛顿开始在剑桥大学学习的1661年,几乎所有人(学界的和非学界的人)都认为上帝通过无法预知的超能力统治着宇宙。但现在称为科学革命的运动在那时已经开始酝酿了。在课堂之外,剑桥的学生探讨17世纪那些伟大科学家的新颖而矛盾的思想:开普勒、伽利略和勒内·笛卡尔。他们的思想让学生们兴奋不已。牛顿从这三位科学家身上所学到的知识,最终让他形成了对宇宙运行的新见解,尤其是均衡理论。

约翰尼斯·开普勒（Johannes Kepler）最早是设计和建造研究行星运行象限仪的丹麦贵族科学家第谷·布拉赫（Tycho Brahe）的助手，由此开始他的研究生涯。那时候，天文学家分为两个派系。一派支持由亚里士多德提出，并在提出400年后为托勒密补充的地心说，即太阳、星星和行星围绕着地球旋转的理论。另一派则支持波兰天文学家哥白尼在1543年发表，并被17世纪的人们认为是异端邪说的日心说，即太阳是静止的，包括地球在内的所有行星都围绕着太阳旋转。

在布拉赫之前，两个学派的科学家都只能通过肉眼观测天体运动；天文望远镜还没有发明出来。而布拉赫的天文象限仪，类似于物体的瞄准器，可以从两个不同的角度记录行星的位置，一个从水平的角度测量行星上升的高度，另一个从正北方观测行星的环绕轨道。

在长达25年的时间里，布拉赫一丝不苟地记录了行星的位置。他于1601年去世，这一年他将所有的观察结果交给了年轻的助理。作为一个极为出色的数学家，开普勒首先分析了布拉赫的详细记录，然后给出了非常有意义的总结，也就是行星运动的三大定律。牛顿在剑桥大学读书的时候，开普勒的三大定律开始威胁到主流天文学家地心说的地位，并建立了日心说的牢固地位。

而牛顿在开普勒身上学到的经验教训是：我们在解释人

类赖以生存的最基本的问题时，很大程度上取决于当时的测量工具和科学家分析数据的数学能力。

第二个对牛顿的思维体系有影响的是伽利略，他恰好在牛顿出生的那一年去世。伽利略是意大利的哲学家、数学家、发明家和物理学家，他被认为是开创现代实验科学的科学家。他发明了温度计、钟摆、绘图时使用的比例尺以及本书中提到的最重要的发明——天文望远镜。因此伽利略成为观测到早期天文学家描述的真实行星的第一人，包括开普勒、哥白尼、托勒密和亚里士多德所提及的行星。借助于光学仪器的放大技术，伽利略再一次证明地球不是宇宙的中心。

伽利略提倡从数学的角度认识科学。他认为万物都蕴含着数字的逻辑，但认为数学的存在与宗教教义并不相悖。他认为应该分清"上帝的指示"和"上帝的设计"。按伽利略的说法，上帝的设计很重要，也是科学家的目标，是依靠基本的逻辑去发现自然界的规律。现在伽利略最为人所知的是他的实验技术。

第三个对牛顿有重要影响的人是被称为现代哲学之父的勒内·笛卡尔，他是法国的数学家和科学家。他是最早反对亚里士多德地心说、坚持经验性方法和力学方法的科学家之一。笛卡尔于1650年去世，那时牛顿8岁。在牛顿读大学的时候，他的思想已经在一定范围内为人接受。

笛卡尔提倡从力学的角度观察世界。他强调在理解事物如何运作时要建立一个力学模型，即使这种模型只是根据我们的想象建立起来的。笛卡尔说，人体、滚石、生长的树木，甚至是风雨之夜都证明了力学原理的存在。这种力学的角度为17世纪的科学家提供了一个有力的研究方法。因为按这种说法，不管观察的现象多么复杂或难以辨别，科学家都有可能找到力学原理来解释这种现象。

刚进大学的时候，牛顿对这三位科学家的发现和理论并不是非常清楚。通过不断的学习和细致的钻研，牛顿很快理解了他们的基本思想。而他对这些思想的研究则是我们本书中的关键。

尽管只是一个学生，牛顿已经开始将开普勒关于行星运行的天体法则和伽利略关于自由落体的地表法则联系在一起，同时再融合笛卡尔关于宇宙万物必须与力学法则相符合的观点。这让牛顿形成了物理学的宇宙法则的概念。

1665年，牛顿的生活出现了不曾预料的变故。因为瘟疫蔓延到了伦敦，剑桥大学被迫暂时关闭，牛顿也不得不回到他家的农场。因为孤寂，牛顿的天才的智慧开始激发。在后来被他称为"奇迹之年"的那段时间里，牛顿迅速提出了四种新思想。他的第一个主要发现是提出流速法，也就是我们现在所说的微积分。接着他提出了光学理论。之前的理论认为颜色是由光和黑暗混合而成，通过暗室中的棱镜实验，牛顿发现光是由一系列的光谱混合而成。不过，这一年里最重要的发现，还是万有引力法则。

传说牛顿看到苹果从一棵树上掉下来，然后灵光一现，想到了万有引力法则。开普勒已经证明了行星运动的三大定律，伽利略也早就发现自由落体有固定的加速度，而牛顿则用他天才的智慧，将开普勒的定律和伽利略的观察结果结合起来。牛顿推断出让苹果落地的作用力，与使得月球围绕地球运转和行星围绕太阳运转的作用力相同。这个推断是主观意识上的巨大飞跃。

让人吃惊的是，牛顿在接下来 20 年的时间里并没有发表他的关于万有引力的发现。由于无法用数学精确地证明他的发现，牛顿直到发表那篇著名的《数学原理》(*Principia Mathematica*，简称《原理》)之后，才提出了他的运动定律。用三大运动定律，牛顿证明了万有引力在两个物体之间的作用力。他证明了行星之所以在固定的轨道上旋转，是因为它们在固定轨道上的向心作用力与太阳对其的万有引力相平衡。因此，这两个相等的作用力产生了一种均衡。[1]

均衡的定义是两种相对的作用力、力量或影响之间产生平衡的状态。一个均衡模型通常形容一个体系处于静态中，即处于静态的平衡(static equilibrium)。当两个相向的作用力大小相同时，这个体系达到动态的平衡（dynamic equilibrium）。天平就是两端的物体质量上的平衡。在浴缸中注满水后关上水龙头，你看到的水处于静态的平衡中。当你拔出水塞，同时打开水龙头，让浴缸中的水位保持不变，这个时候你会看到一种动态的平衡。另一个例子就是人体。人体遇冷时所散发的热量，与消耗糖分而产生的热量，处于一种动态的平衡中。

牛顿的《原理》出版后，科学家很快接受了这一理论，认为整个自然界是由宇宙的规则控制的，而不是由超自然的上帝控制着。这种专业上的转变的意义无法估量。它意味着人类赖以生存的基本概念完全改变了，也意味着科学家不再依赖于上帝的启示进行思考。如果人们可以领悟宇宙的规律，他们就有能力根据当前的数据预测未来的走向。用科学的方法观测自然法则，是牛顿爵士留给我们的遗产。

信仰牛顿学说的人将科学看成一种对有序的宇宙的研究，这种研究如同时钟一样可以预测。牛顿学说的追随者常常用到"钟表宇宙"这个比喻。如同因为明白时钟每个部件的原理从而了解它是如何工作的，我们通过分析宇宙的每个结构而了解宇宙的规律。其中的重点内容，也就是物理学的定义：将一个现象分解成一些基本的部分，然后再分析作用在这些基本部分的作用力。300多年来，这种分解的方法被称为科学的基本方法。

物理学在所有科学中占有无可匹敌的地位。它拥有基于数学的精确性和不可动摇的理论，它的确定性让我们沉迷，给出的绝对答案让我们安心。所以，当我们知道其他科学在寻找答案或隐藏在纷杂表象之下的规律时会先从物理学出发，也不会吃惊了。比如在19世纪，某些学者想知道牛顿学说是否可以应用于人类社会。比利时的统计学家阿道夫·奎特雷（Adolphe Quetelet）因为将概率学用于解释社会现象，提出"社会物理学"而闻名。而我们在第4章会提到的奥古斯特·孔德（Auguste Comte），提出一门解释社会组织和规划社会的科学，也就是他说的社会学（sociology）。经济学家也在关注牛顿学说的规范和物理学定律。

牛顿之后，很多不同领域的学者将注意力放在证明均衡系统上（静态或动态的平衡），认为均衡是自然的终极走向。如果均衡系统中出现分力，假设分力很小，是暂时的——那么这个系统将会回到均衡。本书的重点是如何将均衡的概念从天体运动规则扩展到其他领域，尤其是经济学领域。

∎ ∎ ∎ ∎

在200多年的时间里，经济学家通过均衡理论解释经济行为。英国的经济学家阿尔弗雷德·马歇尔是经济学动态均衡概念的主要发起人。他发表于 1890 年的著作《经济学原理》（*Principles of Economics*），被认为是经济学领域里最重要的贡献之一。[2] 第 5 版的《经济学原理》描写了需求、供给和价格之间的关系，马歇尔用三个独立的章节描述均衡理论，从个人、公司和市场三个角度。

关于个人均衡，马歇尔写道：

个人的欲望和结果之间的平衡和均衡最简单的例子是一个人通过自己的努力获得了想要的结果。一个男孩在想吃蓝莓的时候，就会兴高采烈地去摘蓝莓；在没吃饱时，吃蓝莓的乐趣高于摘蓝莓的辛苦。但当他吃饱了之后，想吃蓝莓的愿望随之消失，摘蓝莓变成一个单调乏味的工作。

这个时候小男孩想去玩耍的愿望和他摘果子以满足食物的需求达到了一种均衡。[3]

在分析均衡如何影响公司时，马歇尔写道："一家公司经过成长走向巅峰时期，之后可能进入停滞期或衰退期；处在转折点的时候公司的发展活力和衰退处在一个平衡或均衡的状态。"[4]

在市场上，供需之间的作用力维持着一种稳定的状态，从而确定商品的价格。马歇尔描述道："当需求者给出的价格与供给者期望的价格一致时，商品的数量既不需要增加，也

不需要减少；这就是一种均衡。"⁵

按照马歇尔的观点，当经济体达到均衡时，就达到了一种稳定的状态。实际上，马歇尔认为均衡是经济体的自然状态；如果价格、需求或供给有差别时，经济体将会运转，并回到其自然的均衡状态。他用有说服力的文字写道：

在供需均衡的时候，如果有外力将供给的规模从原有的平衡状态转换到另一个状态，就会有另外一个力将供给拉回到原来的位置；就像一个悬在绳子上的石头左右摇摆时，重力会将它拉回平衡点。供给的均衡和这多少有些相似。⁶

在保罗·萨缪尔森在 1948 年发表《经济学》(*Economics*)之前，马歇尔《经济学原理》是 20 世纪标准的经济学教科书。尽管大家很快接受了萨缪尔森的新版教科书，教科书中对均衡的描述依然如故。萨缪尔森写道，成千上万的价格和产出通过相互影响的网络系统连接在一起。在这个系统中，家庭所需要的商品和服务，与提供这些商品和服务的公司交相呼应。而这些公司则追求最大化的利益，将了解到的家庭需求转化成商品再销售给家庭。萨缪尔森将这种交换的逻辑称为典型的均衡系统。

保罗·萨缪尔森拥有非凡的智慧，他获得了 1970 年的诺贝尔经济学奖。他对股市非常感兴趣，又对所有宣称可以预测股价走势从而打败股市的专家持怀疑态度。他曾经写道：

"本着实事求是的态度,我很赞同大部分投资决策者应该离开股市的想法——去修修管道、教教希腊文或者去企业工作,为 GNP 的增加做出一些贡献。"[7]

本书的一个重要部分是追随萨缪尔森的脚步,了解他如何用尊重事实的态度和科学的方法,建立起市场如何确立价格的理论。另外,作为人类知识积累行为的力证,我们了解到萨缪尔森对市场的态度,主要受到路易·巴舍利耶(Louis Bachelier)、莫理斯·肯德尔(Maurice Kendall)和阿尔弗雷德·考尔斯(Alfred Cowles)等人的研究的影响。

1932 年,阿尔弗雷德·考尔斯成立了考尔斯研究与经济委员会。考尔斯曾订阅了主要的投资杂志,但没有一本杂志预测了 1929 年的股灾,这让他开始思考股市的预言者是否真的可以预测股市未来的走向。在一份非常详细的研究报告中,该委员会详细分析了 1929～1944 年的 6 904 份预测;考尔斯在研究报告中写道:"结果显示,人们无法成功地预测股市。"[8]

莫理斯·肯德尔是伦敦经济学院的统计学教授,他没有理会考尔斯委员会关于市场预测的研究,而是自己去分析股价走势。在 1953 年发表的文章"经济的时间周期分析"中,肯德尔回顾了过去 50 年的股价表现,却发现没有可以依从的股价走势规律,能让投资者做出精确预测。援引因《投资革命》(*Capital Ideas*)而建立现代金融理论的彼得·伯恩斯坦的话来说，萨缪尔森对股市感兴趣，很大程度上是因为肯德尔的文章在皇家统计学学会大受欢迎而激发的。

在思考肯德尔的成就时，萨缪尔森将股价波动和价格-价值的经典经济学理论结合起来。在1776年亚当·斯密出版《国富论》的200年后，经济学家已经认同股票的基本价值，即在市场价格之外的"真实价值"，股票在市场上的价值围绕着其真实价值上下波动。当然，从那以后，经济学家和投资者就什么是真实价值吵个不停。阿尔弗雷德·马歇尔告诉我们：竞争最终会决定均衡的价格。如果价格有波动，就说明市场中的供需之间存在暂时的不平衡，但这种不平衡最终会被市场纠正。

萨缪尔森自己则认为股价会因其未来价值的不确定预期而波动。即IBM的股票值100美元还是50美元，由市场对公司未来盈利、竞争力和对通货膨胀与利率的预期而定。在1965年发表的著名文章"预测价格随机波动的证明"中，萨缪尔森提出了"影子价格"的概念——股票内在的但不一定可以轻易知道的价值。不过问题在于如何将影子价格直观地在市场中体现出来。接下来萨缪尔森提出了让投资者对股市表现震惊的理念转变。

根据法国数学家路易·巴舍利耶发表于1900年、少有人知的博士论文，萨缪尔森开始思考市场价格的理论。巴舍利耶认为市场中价格的变化无法预测。他的理由很直接:"影响市场变化的不同观点太多了,在同一个时间点,买家认为股价会上升而卖家觉得股价将下跌。"基于这一点,总体上买家和卖家都没有掌握什么伟大的思想,巴舍利耶因此给出了一个惊人的结论:"看上去市场本身和激进的投机者在某一个给定的时间里,既不相信市场会上升,也不相信市场将下降,因为在每一个价位上,买入和卖出的人都非常多。"因此,巴舍利耶说:"投机者的数字预期值几乎为零。"[9]

巴舍利耶的逻辑让萨缪尔森找到了一个让影子价格从市场的内部变得显而易见的方法。在一个跨度较大的观点中,萨缪尔森认为,计算影子价格的最好方法是巴舍利耶的市场价格理论。巴舍利耶通过收集买家和卖家信息来计算影子价格的方法可能不完全精确,但现在没有其他更精确的方法了。

为了充实影子价格理论,萨缪尔森接下来提出了"理性预期假设"。他写道:"我们应该假设市场上的投资人因为贪婪和个人兴趣,会考虑那些在未来可能会影响影子价格的各种因素。"[10]换句话说,萨缪尔森认为投资者会做与自身喜好一致的理性决定。并且,股价在任何时间都反映了这些理性的决定;因此,股票的影子价格和市场价格是同一个价格。

萨缪尔森借用的另一个思路是经济体的均衡理论,他将均衡理论嫁接到股市,认为股价的波动与经典的价格-价值均衡理论相关。他认为投资者基于理性预测的市场行为，是维持股市均衡理论的关键。

■ ■ ■

将萨缪尔森有关市场的理论推向新高度的人是尤金·法玛（Eugene Fama）。法玛在芝加哥大学的博士毕业论文"股票价格的表现"迅速吸引了投资界的注意。这篇论文首先全文刊载于《企业》（*Journal of Business*）杂志，后来又在《金融分析》（*The Financial Analysts Journal*）和《机构投资者》（*Institutional Investors*）上刊印。这就是后来的"现代投资组合理论"的基础。

法玛的理论很明确。他认为股价是无法预测的，因为市场是有效的。在一个有效的市场里，很多非常聪明的人（法玛称为"利润最大化的理性的人"）能够同时获得所有与股票相关的信息，他们会迅速地将信息反映到价格上，在任何人获利之前，让市场恢复均衡状态。因此在有效市场里无法预测股价，因为股价已经完全反映了所有可获得的信息。

我们要记住，法玛的有效市场理论是在被广泛接受的均衡理论的基础上才为人接受的。而提出均衡理论的人是马歇尔、萨缪尔森和威廉·夏普，夏普是金融学教授和经济学思想家。

夏普因为提出"风险之下的资产价格市场均衡理论"而获得诺贝尔经济学奖。他的理论首先在1964年的论文"资本资产价格：风险市场均衡理论"中出现。夏普在文中写到："在回报期望值和回报标准偏差（也就是风险）之间，有一种简单的线性均衡关系。"[11] 他认为，获得巨额回报的唯一办法是承担更多的风险。想增加预期的回报，投资者就需要在资本市场勇往直前。相反，如果投资者希望减少风险，他们应该更加谨慎，因而获得较少的回报。这两种情况都是均衡的。

■ ■ ■

均衡理论在经济学和股市中的运用如此广泛，以至于我们很难再找到其他理论来解释经济和市场的运作。我们知道，均衡理论不仅仅是经典经济学的基础，也是现代投资组合理论的基础。质疑有效的均衡理论模型，就是与众多毕生捍卫均衡理论的专家为敌。虽然这种类推不一定恰当，但现在质疑均衡理论无异于当年哥白尼质疑地心说。但尽管有风险，还是有一些科学家开始质疑主宰人们对经济和股市看法的均衡理论。

对均衡理论的质疑首先出现在圣达菲研究所，这里有很多不同领域的科学家在研究复杂适应系统——这些系统及其相互作用是指人在面对外界环境变化的时候其行为的改变。在一个简单的系统中，各部分间的相互作用很少。复杂适应系统包括中枢神经系统、生态系统、蚁群、政治体系、社会结构和经济体系。在这些适应系统之中，我们还要加上另外一个系统：股票市场。

每个复杂适应系统，其实都是一个网络或者很多独立的个体单元在同一个平台上的互动。一个系统既复杂又具有适应性的重要因素，是每个个体单元（神经元、蚂蚁或投资者）在与其他个体单元的互动中获得经验，并且通过改变自己来适应环境的变化。一个善于思考的人，可以从目前的股市中找出复杂的适应性系统的蛛丝马迹。这让我们得出这样的结论：按照适应性系统的定义，即使在不断地适应，但当下所有的适应系统，包括股票市场在内，都远没有达到完美的均衡。

这对市场来说意味着什么呢？这意味着经典的经济均衡理论需要被重新探讨。[12] 标准的均衡理论是理性的、机械式的和高效的。它假设个人投资者对股价有理性的期望，并且高效地将已知的信息反应在市场上。它还假设不存在因价格还没有在市场表现出来而获利的策略。

而来自圣达菲研究所的意见则正好相反：它认为市场是非理性的，是随机的而非机械的，也并非完全有效。它认为个人投资者是非理性的，他们甚至会对证券进行错误定价，从而制造出可获利的交易策略。在后面的章节里，我们会讨论金钱是投资者非理性表现的心理层面的原因。

对这种观点有催化作用的是1987年的股灾。根据经典的均衡市场理论，瞬时的股价变化是由理性投资者对市场新信息的反应推动的。然而，很多针对1987年股灾的研究，没有找到与股市大崩溃有关联的市场信息。如果严格地遵守均衡市场理论，市场就不会有牛市或熊市，也不会有大交易量或高换手率。但众所周知，随着交易量和换手率不断攀升，剧烈的波动成为常态。我们曾理所当然地接受的均衡市场理论和有效市场假说，有没有可能是错误的？

公平起见，我要指出经典经济学家和现代投资组合理论的支持者意识到他们的体系并非完美的均衡。阿尔弗雷德·马歇尔在去世前还发表了他对均衡理论的质疑。保罗·萨缪尔森认为投资者在开始投资的时候不是完全理性的，但随着时间的推移会逐渐变得理性，而善于思考的投资者会超过非理性的和贪婪的投资者。类似地，法玛认为高效的市场既不需要完全的理性，也不需要完整的信息；不过他说，因为市场是有效的，个人投资者无法击败市场。

我的看法是，假设大部分经济学家认为的理想状态是，市场由理性的、能够完美地对新信息做出反应的投资者组成，那他们应该承认这种理想的系统中存在着固有的缺陷。路易·巴舍利耶有关相同数量的如萨缪尔森所说的理性的买家和卖家，在执行法玛的完美的信息处理的想法，与现实的投资世界正好相反。那些支持理想的系统而非真实投资世界的专业投资者，可能会引导人们走上错误的道路。

不过我们还是相信均衡法则是绝对存在的。我们坚信这一点是因为它是完整的牛顿思想体系的一部分，而牛顿思想体系又是300年来我们认识世界的模型。放弃这种有用的思想不太可能。继承牛顿、伽利略和哥伦布的精神，我们应该乐于接受真实的世界，放开胸怀接受新的思想。

我想说的是，我不是让你放弃均衡理论，也不是说供需法则是错误的。世界不能简单地区分为白色或黑色——而这一点是最重要的。在一个复杂的环境中，简单的法则无法解释整个系统。

均衡理论可能依然是宇宙的状态，保持均衡的状态可能是自然的目标，但它不是牛顿学说唯一的结论。在任何时间里，均衡和不均衡都可能出现在同一个市场中。就像那些可以呈现出两种不同景象的照片；从一个角度来看可能是酒杯，换一个角度来看则是一个古装的女人。我们看到的两种景象都是正确的，并且是同时存在的。我们注意到的那个景象，只反映了个人的喜好。类似地，市场供需、价格和价值之间的平衡，也都能在市场日常运转中找到，但这不能回答所有的问题。

就像科学家证明了地球不是宇宙的中心后，人们对世界的看法出现转变，当我们明白牛顿运动法则并非严格地控制着所有的事物时，你对市场的看法也会随之改变。现在我们想知道的是，如果牛顿学说本身并不完整，我们需要加入哪些思维模型？而我们在下一章里给出的答案，将会吓你一跳。

第3章

生 物 学

1987年的股灾让大部分学者、经济学家和专业投资者大吃一惊。因为一直以来用于观测市场的、被视为经典均衡理论的逻辑，无法预测甚至无法描述1987年的股灾。在20年之后，我们在市场中又遇到类似的事情。2007～2009年的金融危机及其带来的多米诺效应，加深了经济体内还隐藏着其他未知的规则这一看法。均衡理论的两次失误，让其他潜在的可与之匹敌的理论得以发展，其中最主要的一个理论是从生物学的角度认识市场和经济。

　　从生物学的角度看待金融和投资，乍一看很奇怪。但就像上一章对物理学的解读一样，这里我们也只侧重生物学的一个重要理论：进化论。在自然界，进化程序是自然选择的过程，用进化的概念看待市场，我们可以观察经济的选择法则。

　　进化的概念不是某一个人提出来的。早在公元前6世纪，希腊和中国的哲学家就曾描述不同的物种以不同的形式进化的可能性。今天广为流传的进化思想，是由一位比牛顿晚150年的科学家——查尔斯·罗伯特·达尔文（Charles Robert Darwin）奠定的。

■ ■ ■

　　达尔文1809年出生于英国舒兹伯利的一个科学家家

庭。他的祖父是医生、科学家伊拉斯谟·达尔文（Erasmus Darwin），他的外公则是著名陶艺家乔赛亚·韦奇伍德（Josiah Wedgwood）。[1]

他的父亲罗伯特·达尔文（Robert Darwin）也是一名医生，他个人很坚持查尔斯学医，并为他选择了爱丁堡大学。但达尔文对学医毫无兴趣。他发现从课堂中学到的知识很枯燥，看到没有麻醉就进行手术的场景就恶心。对他来说，自然界太迷人了，年轻的达尔文花了大量的时间阅读地理学书籍，收集昆虫和其他标本。

当罗伯特意识到自己的儿子可能永远不会成为一名医生，他将查尔斯送往剑桥大学学习神学。这次查尔斯仍然不像一个有前途的学生，仅仅是获得了神学学士的学位。相对神学课程来说，对查尔斯更有意义的是，他与剑桥大学的其他几个学院建立起联系。植物学教授约翰·史蒂文斯·亨斯洛（John Stevens Henslow）牧师允许这个有热情的业余爱好者听课，陪他进行日常的植物学研究工作。达尔文总是和亨斯洛在一起，以至于全校的人都称他为"亨斯洛的追随者"。大学毕业之后，达尔文参加了去威尔士的地质考察队，这次旅行使得达尔文考虑成为一个地质学家。但当达尔文从威尔士回家时，等待他的是一封改变了他一生的信。

亨斯洛教授在这封信里写道，他已经推荐达尔文申请海洋探险项目的自然学家职位。在船长罗伯特·菲茨罗伊（Robert FitzRoy）的带领下，贝格尔号很快起航开始科学考察，这次考察的主要目的是研究和勘察南美洲的海岸线。这次考察需要环球航行一圈，至少两年时间（实际上，航行历时 5 年）。自然学家的职位没有薪水还要自己支付旅行费用，但达尔文被它的前景深深地吸引住了。

因为父亲的反对，达尔文差点没去成。最开始父亲不同意达尔文去航海。幸运的是，达尔文的舅舅，也是达尔文的父亲非常尊敬的人——乔赛亚·韦奇伍德二世（Josiah Wedgwood II）说，这次航海对年轻人来说是个好机会。就这样，在 1831 年 12 月 27 日贝格尔号驶离英格兰普利茅斯港时，查尔斯·达尔文上了船，他负责收集、记录和分析在航行中将要遇到的各种动植物和其他物种。那一年他 22 岁。

在海洋上可没有在陆地上舒服，达尔文经常晕船，在航行期间他经常一个人在船上图书馆中读书，或者读自己收集的科学材料。只要船靠岸，他马上就下船了解当地的环境状况。达尔文众所周知的重要发现发生在航行的早期阶段，也就是加拉帕戈斯群岛，在南美洲靠太平洋一侧的赤道附近、厄瓜多尔以西约 600 公里。这个小岛上的动植物种群被认为是研究物种突变的最佳实验室。

作为业余的地质学家，达尔文知道加拉帕戈斯群岛是典型的海洋性岛屿,这一类岛屿是由于火山爆发而形成的,岛屿形成之初没有生命。大自然创造了这些岛屿,然后它们等待生命降临。海洋性岛屿最终会被生物占据,不过是被那些有翅膀可以飞过来(鸟类)或可以随风飘过来(花粉或种子)的生物。达尔文推测加拉帕戈斯群岛的海龟和蜥蜴这类能够长时间游泳的动物,可能是从南美洲远游而来或随着漂浮物漂流而来。他还指出观察到的其他动物可能是被之前的水手和探险家抛弃在岛屿上的。不过他在岛上观察到的大部分物种让人着迷,也激起了他的好奇心。

达尔文对其中的13种鸟类很着迷。刚开始他认为这些鸟——加拉帕戈斯群岛雀,也就是现在的达尔文雀,可能是他早期曾研究过的南美洲雀,是被暴风雨刮到岛上的。但他进一步研究分布模型,发现每个岛上只有一两种不同的雀类;只有最大的中心岛的雀类种群稍多一点。让他迷惑不解的是,加拉帕戈斯群岛的不同岛屿上的雀类,在体积和习性上都很不一样。有些雀类的嘴很大,爱吃种子;有些雀类嘴型细长,爱吃昆虫。沿着这些岛屿航行,达尔文发现胡德岛上的雀类与塔岛上的雀类不同,而圣克鲁斯岛上的雀类又是另一个模样。他开始思考如果胡德岛上的雀类被风吹到其他岛屿上会发生什么。他得出的结论是,如果外来的雀类能够适应新的环境,它们就可以生存下来,并和当地的雀类一样繁衍后代;

一旦不能适应新环境,这些雀类将会消失。这最终成为他的那篇著名论文的主线。

1836年达尔文回到家乡时受到了英国科学界的热烈欢迎。他很快成了地质学会的成员,在3年后又成为英国皇家协会的成员。他很快静下心来继续工作。在公开的场所里,他积极准备发表那些地质学和生物学的发现。而在私下,他正在构建一种新的理论。

在重新整理航海日志时,达尔文感到很困惑。为什么加拉帕戈斯群岛的部分岛屿上的鸟类和海龟与南美洲的一样,而另一些岛上的则不同呢?当他知道从加拉帕戈斯群岛带回来的雀类属于不同的种群,而非简单的属同一个种群的变种时,事情变得更加奇怪了。达尔文还发现他带回来的知更鸟分属3个不同的种群,而带回来的海龟则分属2个不同的种群。他开始将这些问题归类为"物种问题",并将这些发现记录在一个他命名为"物种演变笔记"的笔记本中。

达尔文开始对物种变化进行细致的研究。他查阅了所有相关的书籍,和植物学家、自然科学家以及动物园园长等任何一个对物种变异有见解的人聊天。从中他发现物种变异的假说是正确的,不论是区域性的突变还是时间性的突变。这个思想在那时可不只是激进的,还是对上帝的不敬,所以达尔文尽可能地将他的研究发现保密。

随着不断的学习和思考，达尔文愈加肯定进化的存在，但他还不知道这是为什么。直到1838年，他才将这些片段联系起来。那年的秋天，达尔文读到英国经济学家托马斯·马尔萨斯的《人口论》(*An Essay on the Principle of Population*)。在探讨食物供给和人口数量时，马尔萨斯发现，粮食在成倍增长的时候，人口会以几何数量级的速度增长。因此人口增长的速度总会超过食物的供给，在战争、饥荒或瘟疫来到时，人口将会锐减。

达尔文看到了马尔萨斯的工作与动植物种群未解之谜之间的直接联系。马尔萨斯的理论认为有限的食物供应造成的生存压力，会导致人口数量由增长状态转变为稳定状态。根据过去很多年的观察，达尔文发现马尔萨斯的理论可以运用到动物界。"在长期观察动植物的习性时，我发现所有地方的动植物都准备好随时应对生存的危机"，他在笔记中写道，"这让我明白，在恶劣的环境下，适应性强的动物将会生存下来，而适应性弱的动物将会消失。新的物种就形成了。在这里，我了解到了：进化是如何产生的。"[2]

达尔文理论的起源是物种之间以及同种物种不同个体之间的生存斗争的思想。比如说，如果一只有更长嘴巴的鸟相对于其他鸟的生存率会上升，那么拥有长嘴巴的鸟会越来越多。最终，长嘴巴鸟的数量会成为种群中比例最高的。[3] 在这种自然选择的过程中,达尔文总结道,适应性强的动物会存活下来,然后繁衍出更有优势的后代。几代之后,物种里面的小变化会积累成为大变化——进化因此产生了。

1842 年,达尔文完成了其理论的初稿,但他没有将其发表。可能是预感到进化理论将会引发激烈的争议,接下来他只是对进化理论进行补充。1858 年 6 月 18 日,达尔文收到自然学家艾尔弗雷德·拉塞尔·华莱士(Alfred Russell Wallace)的文章,文章总结的内容与达尔文为之工作了 20 年的理论非常一致。达尔文因而征求了两位亲密的同事——地理学家罗伯特·莱尔(Robert Lyell)和植物学家约瑟夫·胡克(Joseph Hooker)的意见,他们决定将达尔文和华莱士的工作总结在一篇合编的文章中。第 2 年,达尔文出版了《自然选择之下的物种起源,生存斗争之中的优势种群》(*On the Origin of Species by Means of Natural Selection, or the Preservation of Favoured Races in the struggle for Life*)。这本书在出版当天就被销售一空,1872 年,《物种起源》(*The Origin of Species*),也就是该书的通俗叫法,出版了第 6 版。

如同著名的生物进化学家理查德·道金斯(Richard Dawkins)所说的,达尔文写出了那个世纪,也可能是这 1 000 年里最伟大的一本书。"《物种起源》永远地改变了人类和所有人。"道金斯写道。[4] 它也改变了我们对其他领域的看法，包括经济学，而这也是本章的重点内容。

■ ■ ■ ■

达尔文的著作发表之后，自然选择理论得到欧洲学者的追捧；在不同领域里被讨论、宣讲和研究。不可避免地，进化理论的概念也吸引了经济学家的注意。[5]

第一个关注进化理论的经济学家是阿尔弗雷德·马歇尔，当时英国经济学的领军人物（当然，可能有些人认为他堪称世界经济学的领军人物），从 1890 年到去世前的 1924 年他都在研究进化理论。马歇尔著有《经济学原理》，这本书于 1890 年出版，并在之后修订了 7 次。作为一本整理经济学思想进程的综述，它几乎没有类似的竞争者，《经济学原理》的第 8 版仍然是很多大学课程的重要教材。

在本章接下来的内容里我们会再次提及马歇尔。这里，我们先来看看《经济学原理》第 1 版的第一页。在书名、作者姓名、所属大学和"第一卷"的字母之下，是一段拉丁短语：[6]

自然从不飞跃。

马歇尔的支持者们自然能够理解这句话的含义，但今天我们绝大部分人并非他的拥趸，因此我需要在这里对这句话做一个简单的说明。"自然从不飞跃"，达尔文在《物种起源》

里使用了同样的格言。作为致敬,马歇尔暗示他将把自己的工作与达尔文杰出的进化理论联系在一起,也许他从达尔文的理论中看到了经济学的特点。不过马歇尔的真实意图对我们来说是一个谜,因为他从未清楚地解释自己的立场。

■ ■ ■ ■

马歇尔的《经济学原理》出版后不到20年时间,一种研究经济学的新现象出现了。1908年,生于奥地利时年25岁的学习经济学和法律的学生约瑟夫·熊彼特(Joseph Schumpeter)出版了他的第1本书《经济理论的本质》(*The Nature and Essence of Economic Theory*)。在书中,他试图将传统、静态的经济学观点与自己的动态理论区分开来。

在这本书中,熊彼特提出经济学本质上是在不断进化的观点。在第2本书——《经济发展理论》(*The Theory of Economic Development*,1911)中,他扩展了这一观点,并在接下来的岁月里不断完善。[7] 实际上,20世纪的英国经济学家克里斯多夫·弗里曼(Christopher Freeman)在广泛研读熊彼特的著作后评论道:"他毕生的研究重点是:资本主义只能被看作一种不断创新和创造性破坏的过程。"[8]

熊彼特的动态经济学过程由3个基本要素组成:创新、

企业家和信用。该理论的中心思想是趋于均衡的过程是可适应的。在这个过程中，创新者是改变的媒介。经济体系的所有改变都源于创新。

熊彼特说，创新是应用新思想，将其转换为价值，它包括产品、制造过程、原材料供应、寻找新市场和公司存在方式的更新。标准的经济理论认为进步是一小步、一小步地走出来的，熊彼特的理论则认为创新具有飞跃性，导致了巨大的破坏和不连续性，即熊彼特的名言"创造性破坏的永恒风暴"。

但如果没有将创新思想转变为产品的企业家，创新可能没有任何意义。熊彼特说，需要有人越过外界的重重障碍，才能实现创新。没有企业家对创新的渴望和意愿，很多伟大的思想就永远不会被实现。后来熊彼特又解释道，伟大企业家所引领的伟大创新，只有在特定条件下才会繁荣昌盛起来。私有财产的权利、稳定的货币和自由的贸易，都是重要的外界环境因素，而信用则是最重要的因素。没有信用，促进创新的能力就会削弱很多。

1907年，当熊彼特还在为《经济理论的本质》收集素材时，他拜访了剑桥大学著名的经济学家阿尔弗雷德·马歇尔。[9]那时候马歇尔已经65岁了，身体每况愈下。熊彼特知道马歇尔对达尔文的进化论很痴迷，很想和他探讨。

有时候马歇尔会私下里责怪他的同事们没有意识到经济现象与生物学发展演变的过程更接近，而不是标准的机械理论发展过程。但他对推出一个全新的理论犹豫不决。当熊彼特告诉马歇尔说，他想对经济学提出一个生物学角度的阐述时，马歇尔的态度趋于谨慎。熊彼特形容他们的谈话："我就像一个大胆的年轻人将要进入一段冒险的婚姻，而马歇尔就像一个慈祥的老伯劝我放弃。"而马歇尔的回复则非常的幽默，"本来就是如此。因为如果在这方面可能有什么作为，老伯的劝告就毫无价值"。[10]

13年后，第 8 版也是最后一版《经济学原理》(1920) 出版了。在这一版中，马歇尔可能是第一次清晰而辩证地表达了他对进化经济学的观点。在前言中，他写道：

经济学家信奉的麦加圣城，应该是生物经济学而非动态经济学。但是生物经济学的概念，比那些机制要复杂多了；因此在经济基础的体系上，要画出一部分来做机制比较；以前常用的"均衡"，就是一种静态的类比。而这一事实，与当代生命的正常状态和主流观点集合起来，意味着"均衡"的中心思想是"静态的"而非"动态的"。实际上，它是因为导致运动的力而被关注；当然它的主题是动态的而不是静态的。[11]

我一直很奇怪，为什么100年前的经济学家在没有找到足够的理论支持的情况下就形成了生物经济学的观点。可能就像马歇尔写的,"生物经济学的概念比机械经济学更复杂"。也有可能是对经济学的生物解释,正好处在科学发展的"革命"阶段。

※ ※ ※

50年后,托马斯·库恩(Thomas Kuhn)写了一本惊世之作——《科学革命的结构》(*The Structure of Scientific Revolutions*,[1962]1970)。在这本书中,他挑战科学进步的传统看法,即科学进步是由一系列缓慢的、可接受的事实和理论推动的。库恩认为有时候进步是由革命引发的。

他解释道:在"一般的科学"中,主流范式可以解决一些谜团。当大家对主流范式有了普遍的认知时,一般的科学继续发挥作用。但如果有异常的情况发生会怎样呢?

库恩说,如果一个现象无法用主流的范式来解释,新的有竞争性的范式就会出现。科学家们会放弃已经失效的模型,进而开发出新的理论框架。你可能会认为从旧范式到新范式的转换,是和平地被那些追求真理的人找出来的,但库恩的看法正好相反,他认为这种转换一定要通过"革命"。

主流范式的支持者,在面对新的或过渡期的范式时,只剩下两个选择。他们要么放弃自己一直相信的真理,与曾经认为睿智而专业的同志分道扬镳；要么坚持自己的立场。第二种情况就是我们常听到的"范式碰撞"，其行为很直接。首先，用任何可能的方式质疑新范式的可信性，然后再修复主流范式，以让其自圆其说。比如，当"地心说"受到哥白尼关于地球不是宇宙中心的证据质疑时，托勒密（Ptolemy）《天文学大成》（*Almagest*）的信徒们，就简单地将行星圆周运动加到椭圆运动中，用来解释天文异常现象。当这样还不奏效时，他们就将哥白尼送进监狱，逼他承认自己的理论是错误的。

在温和的范式碰撞中，科学家会就分歧进行探讨。

保守的学派试图找出主流的范式，而其他学派则希望建立一个新范式。库恩说，一旦这种两极分化出现，"政治上的求助就失效了"。虽然两个范式碰撞时冲突不可避免，但时间最终会让一切尘埃落定。

库恩发现科学革命者常常是"那个被改变的范式的领域里非常年轻或新进入的人"。革命者与旧主流范式领导者思想的关联度很小，他们更倾向于"认为那些旧的规则不适合现有的游戏了，然后（致力于）构思另外一套体系来取代旧有规则"。[12] 如果新范式真的很强大，慢慢地它会吸引更多的科学家。如果旧范式无法与之匹敌，又不能发掘新的功能，它将会慢慢消失。我们可以将这个过程称为进化的一种方式。

■■■■

或许我们应该原谅过去100年里的经济学家没有完全接受进化经济学。毕竟进化本身就很难被察觉到。达尔文的进化论是稳定、缓慢而持续的过程。生物学家称之为渐进。达尔文雀的嘴巴长度或老虎身上的斑纹的变化，不是在极短的时间出现的，而是经过成百上千年的渐变。同样地，在一个行业里，企业家年复一年可能不会经历任何改变。如果经济转型很难察觉，我们怎能责怪那些忽略它的经济学家？用这种观点来看，马歇尔应该是一个渐进主义者。

但另外一方面，改变也可以是即时的、剧烈的。生物学家称之为"间断均衡"。在很长时间里几乎没有变化，然后突然出现了一些巨大的变化——可能是DNA突变的结果，也可能是外界环境的强烈变化。这就是熊彼特所说的进化理论。在他的观点里，变化迅速地出现，然后再次稳定下来，经历一段稳定、缓慢而持续的变化。

不论进化是怎样产生的，我们要记住的就是改变永远都在。而这也是为什么我们必须离开牛顿的世界，投入到达尔文的世界。在牛顿的世界里没有改变。你无数次重复他的物理实验，只会得出同样的结果。但达尔文的观点和经济体系就不同了。公司、行业和经济可能多年都不会出现明显的变化，但本质上它们一直在改变。不论是渐进的还是突然的，熟悉的范式终会坍塌。

◼ ◼ ◼

斯坦福教授、圣达菲研究所客座教授布赖恩·亚瑟（Brian Arthur）是最早一批从全新角度观察经济如何运转的当代经济学家。接受经典经济学的训练后，亚瑟沉迷于马歇尔与萨缪尔森经济学理论和均衡市场——供求关系的稳定。但经典经济学家描述的世界和亚瑟看到的世界不一样。无论多么想接受均衡的教义，他只看到了不均衡。亚瑟认为世界一直在改变。世界充满了剧变和惊喜。世界一直在进化中。

1979年11月，亚瑟开始在个人笔记本上记录自己的观察。其中命名为"经济学的新与旧"的一页里，他比较了旧的和新的经济学之间的特征。在"旧经济学"之下，亚瑟列出其投资者是相同的、理性的和能力相当的。这个系统拒绝任何真实动态变化，所有的东西都是均衡的。这种经济学基于认为宇宙结构是单一的经典物理学。而在"新经济学"之下，亚瑟写到投资者根据个人的能力被区分开来。他们是情绪化的。这个系统是复杂多变的。在亚瑟的眼中，经济学本质上不是简单的而是复杂的,更像生物学而非物理学。

说话温和的爱尔兰人亚瑟,声称他不是第一个如此看待经济学的人,但他一定是第一个坚决支持这一思想的人。

诺贝尔奖获得者肯尼思·阿罗(Kenneth Arrow)第一个向圣达菲研究所的科学家小组推荐了布赖恩·亚瑟。1987年秋天,阿罗邀请亚瑟在一个有物理学家、生物学家和经济学家参与的会议上展示其最新的研究结果。主办这一会议的目的,是希望从不同的自然科学中汲取精华,形成"科学复合体",以提供理解经济学的新途径。[13] 与复合体研究相似的是,在复杂适应系统中有很多单元,每个单元都要适应或应对系统自身产生的模式。复杂适应系统处在不断进化的过程中。生物学家和生态学家对这一类系统很熟悉,但圣达菲的科学小组认为这个概念需要拓展开来,现在可能是将经济和股票市场放在一个复杂系统框架中认真研究的时候了。

从经典的教育中抽身,圣达菲的科研小组指出了他们观察到的经济学的4个明显特征。

(1)松散的互动:经济体系中的现象是由众多平行的个体互动而成。任何个体的行为都取决于其他个体的行为以及行为产生的系统。

（2）不存在全球调控者：尽管有很多规则和研究所，但没有谁能掌控全球的经济。相反，经济受经济体中的个体间的竞争和合作调控。

（3）持续的适应：个体的行为、行动和策略，以及制造的商品和提供的服务，都要基于不断积累的经验而不断修正。换句话说，经济体是适应性的。它创造出新的产品、新的市场、新的研究所和新的行为。它是一个不断进步的系统。

（4）动态的不平衡：不同于经典经济学中的均衡模型这一主流思想，圣达菲的科学小组认为，因为不断的改变，经济体是不均衡的。

复杂适应系统中的一个重要元素是反馈。也就是，系统中的个体首先给出期望或模型，然后按照这些模型给出的预期来行动。但长期来说，模型会根据个体对外界预期的精确度而改变。有用的模型会被保留下来，而没有用的模型会被修改，以增加预测的精确度。当然，预测的精确性是股市投资者最关心的问题，如果能够将市场看成一个复杂适应系统，我们可能会对市场有更透彻的了解。

复杂系统的概念是一种看待世界的新方法，这种方法很难掌握。在复杂适应系统中，个体到底是如何互动的？他们是如何共同创造，然后改变一个模型以预测未来的？对于我们这些非科研工作者来说，找一种方法来观察这一过程很有必要。布赖恩·亚瑟用"埃尔法罗博弈"的例子给了我们一个答案。

埃尔法罗是新墨西哥州圣达菲的一个酒吧，这个酒吧的特色是每周四晚演奏爱尔兰音乐。亚瑟是爱尔兰人，所以他很喜欢去那里。通常，酒吧的老顾客表现都很好，很享受地坐在椅子上听音乐。不过有时候，酒吧聚集了很多喝酒唱歌的人，气氛变得不那么有秩序。现在亚瑟有一个难题：如何决定哪天晚上去埃尔法罗，哪天晚上待在家里呢？为了这个小小的选择问题，亚瑟建立了一个他称为"埃尔法罗博弈"的数学理论。按他的说法是，这个理论包含了一个复杂适应系统的所有特征。

亚瑟描述说，假设圣达菲有100个人有兴趣去埃尔法罗听爱尔兰音乐，但如果酒吧很嘈杂，这些人就不想去了。现在再假设酒吧公布了过去10周每周的客人数量。有了这些信息，音乐爱好者会建立一个模型来预测下周四将有多少人出现。有些人认为下周四的人数将会与上周类似。有些人取过去10周人数的平均值。少数人将客人的数量与天气或其他受众相同的活动联系在一起。这里可以建立无数种预测将有多少人去酒吧的模型。

现在我们假设每个爱尔兰音乐爱好者都认为若要在酒吧

里的时间过得舒适，则酒吧最多可容纳60人。这100个人将决定什么样的预测方法在过去几周里最准确，什么时候酒吧会超过60人。因为每个人都有不同的预测方法，每个星期四都有一些人去埃尔法罗；一些人待在家里（因为这些人的模型预测显示会有60个以上的人去酒吧）。第二天，埃尔法罗公布出客人的数量，这100个音乐爱好者就会更新他们的模型，为下周四的预测做好准备。

亚瑟说，埃尔法罗的预测过程可以称为预测的生态学。在任何时间里，有一系列的可被看成是"活着的"模型，它们可用来预测多少人将会去酒吧。相反，那些被证明不准确的预测模型将会消失。每周都会有新的预测、新的模型和新的理念为音乐爱好者所用。

我们很快就能知道埃尔法罗博弈如何与达尔文的"自然选择，适者生存"的理论遥相呼应，以及它是如何扩展到经济学和市场中。在市场中，每个个体的预测模型要与其他所有人的模型竞争，胜利才能存活下来，而这个过程的反馈结果导致一些模型被改变，一些模型消失了。这是一个世界，亚瑟说，这是复杂的、适应性的和进化的世界。

布赖恩·亚瑟并非圣达菲唯一试图找出生物学和经济学之间联系的科学家。原本是物理学家的多因·法默（Doyne Farmer），明白经典经济学基于他曾在大学里学习过的均衡法则，不过他也知道他在市场观察到的情况并不总是与这些法则一致。

法默已经确信市场不是有效的。后来成为美国财政部部长的劳伦斯·萨默斯（Lawrence Summers），是1987年经济学和复杂系统会议的参与者之一。萨默斯研究了波幅最大的100个当日市场波动，发现只有40%可与有价值的事件联系起来。换句话说，这100个当日波幅最大的波动中过半数并没有对相应的信息做出反应。法默知道，这与有效市场理论非常不一致。很明显有一些内在的动力导致市场的波动。这些内在的动力是什么呢？法默天生的好奇心不断推着他进入新的领域；他认为他可能找到了答案——不是解释天体运动的法则，而是解释生态系统的行为的法则。

在圣达菲研究所的一篇名为"市场作用力、生态学和进化"的文章中，法默迈出了重要的第一步，给出了股市表现的生物学解释的大纲。他对物种互动的生物生态学和策略互动的金融生态学的类比总结在表3-1中。[14]

表 3-1

生物生态学	金融生态学
物种	交易策略
生物个体	交易员
基因型（基因组成）	策略的功能组成
表型（可观测的表现型）	策略的执行（买入，卖出）
人口数量	资本
外界环境	价格和其他信息输入
选择	资金分配
突变和重组	形成新的策略

法默承认这个类比不完美，但他给出了一个激进的思考股市的方法。更重要的是，它清晰定义了活动系统如何表现，及其与进化科学的步骤之间的联系。

如果我们重温股票市场的历史，寻找不同时期的主流交易策略，我相信一共有5种主要的策略（法默以物种作为类比）。

（1）20世纪三四十年代，由本杰明·格雷厄姆和戴维·多德在1934年出版的《证券分析》里提出的账面价值折扣策略是主流。

（2）第二次世界大战（简称"二战"）之后，第2个主流的金融策略是分红模型。因为对1929年股灾心存余悸，在繁荣再次出现时，投资者更多地被那些高分红的股票所吸引，而低收益的债券没有了市场。分红策略在20世纪50年代非常受欢迎，以至于分红股票的收益，在历史上首次低于债券的收益。

（3）20世纪60年代出现了第3种策略。投资者从分红高的股票转向收益增长率高的公司。

（4）20世纪80年代，第4种策略出现了。沃伦·巴菲特将目光转向"所有者权益"高的公司或现金流。

（5）今天我们知道的投资资金的现金回报是第5种新策略。

我们大部分人很容易分清这些著名的策略，我们已经准备好接受这一观点：每种受欢迎的策略都超越了前一种主流策略，并最终被下一个新策略所取代。一言以蔽之，在经济选择之下，进化出现在股票市场。

经济选择是如何发生的？回想一下法默的类比，一个生物种群相当于资产，自然选择发生在资产分配阶段。这意味着资产随着策略的欢迎程度而改变。一个成功的策略会吸引更多的资金，并成为主流的策略。当新的策略被发掘后，资产会被重新分配——用生物学的术语就是，种群发生了变化。正如法默写的，"市场长期的进化通过资金流进行观察。资金对金融进化的影响，正如食物对生物进化的影响"。[15]

金融策略为什么如此的分化？法默认为，答案从基础策略引发行为模式的思想开始。个体蜂拥而至拓展那些显而易见的模式，最终导致出现了副作用。随着越来越多的个体使用同一种策略，该策略产生的利润就降低了。这个策略逐渐失效,旧的策略被清除,然后新的个体带着新的想法入场,他们形成了新的,可能每个数字都能获利的策略。资金转移和新策略爆发,再次重复进化过程。这也是布赖恩·亚瑟经典的埃尔法罗博弈。

市场是不是有效的?如果你相信进化在金融市场中有一席之地,那么答案必定是不是。每一个减少市场无效性的策略很快就会被新策略所取代。市场总会维持多样性,而这是我们熟知的进化的基本原则之一。

我们现在学习的是,研究经济和金融系统就像研究生物系统一样。它们的中心思想都是变化,也就是生物学家所说的进化。我们用来解释金融策略进化的模型,与数学家和生物学家用来研究捕食系统、竞争系统或共生系统中种群数量的公式相似。

※ ※ ※

金融分析师不应该排斥进化的概念。在市场之外,我们很容易发现众多变化着的系统,从时尚、语言到流行文化的表现。如果用进化的概念认识金融市场吓到了一些人,我想这可能是因为这个过程中用到了一些生物学的词汇:变化、适应、突变和基因重组。这些词汇在金融词典和 MBA 课程中都没有。

或许我们将其换成公司的术语会容易懂一些，管理变化、鼓励创新和适应市场的需求，这些概念早就被建立起来并且为大家所熟知。简单来说，适应的概念基于当问题出现，一个种群（或者一个行业，一家公司）通过适应环境最终存活下来的思想。

生物学家现在应该也能很快认同圣达菲研究所提出的，被主流大学和研究商业管理策略的咨询公司所接受的理论。麦肯锡的理查德·福斯特（Richard Foster）和萨拉·卡普兰（Sarah Kaplan）合写了《创造性破坏：为什么基业长青的公司的表现低于市场——以及他们如何成功转型》(*Creative Destruction：Why Companies That Are Built to Last Underperform the Market-and How to Successfully Transform Them*) 这本重要著作。哈佛大学商学院的教授克莱顿·克里斯滕森（Clay Christensen）因为他的畅销书籍《创新者的窘境：新的技术导致伟大公司的衰落》(*The Innovator's Dilemma：When New Technologies Cause Great Firms to Fail*) 和《创新者的解答：创造和维持成功的增长》(*The Innovator's Solution：Creating and Sustaining Successful Growth*)（与迈克尔·雷诺合著），对学校的课程产生重要影响。

麻省理工学院教授兼金融工程实验室主任罗闻全

（Andrew Lo），尝试建立融合牛顿学派的效率市场假说和达尔文学派的生物学解释的平衡的经济系统。

记得在物理学的某一章节中，我们假设尽管"稳态可能是一切事物的自然状态，在它被干扰时，将其恢复是大自然的目的。牛顿物理学认为这种状态并不是永恒不变的，在某些时候，静止和非静止可以同时存在。"罗闻全的《适应性市场假说：从进化的角度来看市场效率》（*The Adaptive Markets Hypothesis：Market Efficiency from an Evolutionary Perspective*）持有相似的观点。罗闻全承认他在这两种思想中挣扎了很多年，直到他明白了这两种思想一点都不冲突。

罗闻全告诉我们一个众所周知的寓言，在这则寓言里，有6个盲人来到一只大象前，第1个盲人摸到了大象的腿，断言这是一棵树；第2个盲人摸到了大象的身体，认为这是一堵巨墙。每个盲人都摸到了大象的不同部分，并给予不同的解释。罗闻全看到，两个不同的市场诠释其实用的是同一种方式。"我认识到信奉行为经济的人和信奉效率市场的人都是对的，"他说，"他们都观察到了同一种现象，不过是从不同的角度观察的。"

在罗闻全看来，市场并非只是效率性的或总是行为学的，而是两者皆有。"行为其实是逻辑能力和情绪反应的互动输出，"他解释说，"当逻辑和情绪处于适当的平衡点时，市场机制以高效的形式运行。"[16]（我们在稍后的章节里，会进一步讨论逻辑和情绪的拉锯战，以及它们对投资者的影响。）罗闻全的假设通过运用进化、竞争、适应和自然选择的规律，来寻求弥补金融行为中市场效率和行为无效的漏洞。

■ ■ ■

许多前瞻性的人，包括我们在这一章节中提到的几个人，相信进化论在金融中可以发挥出巨大的力量。"生物原则在金融互动中加以应用的机会很多，"多因·法默说，"毕竟，金融体系是唯一能给出物种适应优点的发明。这是一个刚刚兴起的真正的尖端行业。"[17]

因此，全力以赴地用生物学诠释经济和股票市场很具有诱惑力。相较于物理系统的类比我们更加认可生物系统类比。但我们必须控制我们的热情。这个方法仍然在延续，但有几个被忽略的问题，其中之一便是法默关心的速度问题：相对于生物系统中缓慢、随机的变化过程，在金融市场中的创新速度很快。正因为这样，法默认为市场效率的时间线的作用也许会消失。

有一些心存疑虑的人认为生物进化无法做出确切的预测。但达尔文也并没断言过这种能力。达尔文的进化论更多是阐述变化如何替代静止,为我们描绘了一幅生机勃勃的精确画面。简·雅各布斯(Jane Jacobs)在她的书《自然经济学》(*The Nature of Economies*)中完美地抓住了重点:"活动的系统自身可以运行。"[18] 因为这个原因,我相信生物系统(包括股票市场)和物理系统不同,它绝不会维持在一个稳定的平均值。

⁃⁃⁃⁃

德国哲学家康德曾经说过"植物界中不会出现牛顿"。他错了。由达尔文的自然选择学说带来的知识革命,和牛顿的地心引力同样重要。

实际上,由机械世界观向生物世界观的转换,已经被称为"第二次科学革命"。300年后,起着平衡作用的牛顿世界观和机械世界观将成为旧科学观。旧的科学观包含着个人主义、严厉的法律和简单的制约力。这个体系是线性的:变化和输入成正比。细微的改变造就小的结果,大的改变得到大的结果。在旧科学观中,这些规律是可以预测到的。

新的科学意味着联系和掺杂。在新的科学中,规律是非线性和不可预测的,并伴随突然和意外的改变。细微的改变可能有大作用,同时大的事件也可以只产生小的改变。在非线性的规律中，个体间相互作用并出现反馈会改变行为。复杂适应系统必须作为一个整体进行研究，而不是分成孤立的部分。因为系统的行为比部分的总和的影响更大。

旧科学关心对已经存在的法则的理解。新科学关心法则的结果。讽刺的是，生物学家曾经被认为是科学的继子，现在却带领我们由旧的科学迈向新的科学。

给查尔斯·达尔文下一个定论貌似很公平，他是一个有天赋的作家，他的科学观察已经成为经典著作。他最闻名的一段话是《物种起源》的最后一段，刚好适合做本章节的结尾。

凝视着树木错杂的河岸，种类纷繁的无数植物覆盖其上，群鸟在灌木丛中鸣唱，各色昆虫飞来飞去，蠕虫在湿土里穿行……我不禁默想，这些构造精巧的物种，彼此相异，又以如此复杂的方式相互依存，是我们周围发挥作用的法则创造了这一切，这是多么有趣。这些法则，就其最广泛的意义来说，就是伴随着"生殖"的"生长"，几乎包含在"生殖"之内的"遗传"，由于生活条件的间接作用和直接作用以及由于使用和不使用所引起的"变异"，生殖率如此之高以致引起"生存斗争"，因而导致"自然选择"，并引起"性状分歧"和较少改进的物种的"灭绝"。这样，经过自然界的战争，经过饥饿和死亡，我们所能想象到的最为崇高的产物，即高等动物随之而生。"造物主"只将生命的能力赋予一个或少数物种，当这颗行星按照既定法则永无止息地旋转时，最美丽和最奇妙的物种从如此简单的开端自然演化而生，如今还在继续演化着。这种生命观是何等壮丽！

第4章

社 会 学

牛顿说："我可以计算天体的运动，却无法了解人类的疯狂。"——这是被认为是他们那一代人里最伟大的人谦卑的自白。[1] 为什么他会有此感慨？答案是，最聪明的天才终究也是人。

1720年2月，牛顿将部分积蓄买入南海公司的股票。这家英国的合股公司成立于1711年，曾经因为西班牙王位继承战争合约，而成为与西班牙南美殖民地交易的寡头。

3个月内，牛顿持有的股票价格上涨了3倍，他将股票卖掉了。如果事情就此结束，一切会很完美。但那时牛顿无法从南海公司抽身了。他不安地看着那些仍然持有南海公司股票的朋友们越来越富有。7月，牛顿无法再忍受诱惑，重回股市，用700英镑的价格再次买入之前用300英镑卖出的股票。这次他不是投入了一部分的资产——而是他所有资产的一大半。

11月，一切都结束了。"南海泡沫"破了。就像经过了一场高烧，南海公司的投机来得快，去得也快。牛顿仓促卖掉了股票，最终每股股票只剩下100英镑了。要不是因为他是皇家铸币局的局长，能领到固定的工资，牛顿的下半生可能会陷入财务危机。

可惜那时候牛顿没看到查尔斯·麦基（Charles Mackay）的《非同寻常的大众幻想与群众性癫狂》（*Extraordinary Popular Delusions and the Madness of the Crowds*），这本大众心理学

的杰作在120年后才出版。不过牛顿有可能研究过成功的商人和慈善家约瑟夫·德拉维加（Joseph de la Vega）写的第一本关于股市的书——《乱中之乱》（*Confusion of Confusions*，[1688]1996）。在书中，德拉维加用不同市场参与者之间对话的方式展现出投机的艺术。这是一种非常聪明的叙述方式，可以更好地帮助读者了解投机与交易。

德拉维加的《乱中之乱》很好理解。在第2段对话中，德拉维加列出了交易的4个基本原则——今天的情况就像325年前一样。

原则1：永远别建议任何人买入或卖出任何股票。当洞察力下降时，最善意的建议也有可能导致坏的结果。

原则2：每次获利之后，不要因为错失的利润而懊悔。明智的方式是享受那些确定的利润，而不是期望某一个喜欢的行情一直上涨或永远都有好运气。

原则3：交易中产生的利润就像精灵的财富。有时候它们是红宝石，有时候是煤、珠宝、燧石、朝露或者泪水。

原则4：想要在这场游戏中赚钱需要有耐心和钱，因为价格非常不稳定，而谣言又绝少是真相。那些知道如何忍受打击而没有被不幸吓倒的人像狮子，在面对恐吓时会咆哮，而不会像其他胆小的人一样想要逃跑。

总而言之，约瑟夫·德拉维加、艾萨克·牛顿和查尔斯·麦基都在告诉我们这些重要的事情：个人投资者和股市之间的关系，就像一群人之间的关系，是一个重大的课题。400年来，这个问题让富人、穷人、聪明人和笨蛋困惑不已，而这也是我们本章要探讨的事情。

■ ■ ■ ■

社会学是研究人类在社会中如何行动的学科，其终极目标是理解群体的行为。如果不将股市中所有的参与者看作一个群体，我们就无法理解市场和经济的走势。只有理解了群体行为，我们才能了解股市和经济的走势。

历史上有很多诗人、小说家、哲学家、政治领袖和神学家提出过对社会运转的看法，不过社会学家的区别在于，他们用科学的方式认识世界。这个过程实际上包括：建立起一个理论（假说），然后通过可控的、可复制的实验进行检测。这种方法常被化学家、物理学家、生物学家和其他科学家用于科研工作中。

由于社会学家的工作是揭示人类如何形成集体、怎样进行自我管理和相互交流并做出解释，因此他们需要借助于科学方法，开发出一系列的假设理论，以建立模型，对收集的数据做比较，然后再测试和论证假设理论。然而，他们的调查会涉及主观的、无法避免的人类行为，因此社会科学相对于自然科学来说不够精确，在很多方面，社会科学没有达到与其他学科类似的可接受水平。

确实有人认为社会科学的不成熟，与其通常缺乏自然科学中需要的硬性的、可定量的结果直接相关。不过这种现状正在改变，计算机的强大功能将使收集大量数据变成可能，不过还是有人怀疑将社会体系的研究工作看成"科学"是否恰当。可以说，社会学仍然在等待着它的"牛顿"式人物出现。

∷ ∷ ∷ ∷

社会科学的发展有两个方向：一个方向是在寻求体系化的理论，另一方向是从专业性的角度出发。第一个方向为法国哲学家奥古斯特·孔德所推崇，他在19世纪中期建议在天文学、物理学、化学和生物学之外，再建立一门新的科学。这门被称作"社会学"的学科，将解释社会组织，并用于指导社会规划。孔德将社会学的研究看成一个整体性的目标；他说，社会学是一个不可分割的整体，需要研究的东西太多了。尽管孔德全力维护社会学的整体性，最终在19世纪还是没有出现系统的社会科学，而是出现了几个专业性学科，包括经济学、政治学和人类学。

经济学是第一个从社会学中独立出来的科学。当代经济学的历史可以追溯到1776年,也就是苏格兰经济学家亚当·斯密出版他最著名的《国富论》的时候。作为经济学的鼻祖,斯密也是最早描述经济对社会影响的人。他最为现代经济学家熟知的是他所宣扬的放任的自由贸易经济,即一个没有行业规则和保护性关税的无政府干预系统。斯密认为只有当经济系统基于自身的机制(也就是"无形之手")运转时,才会呈现最好的状态。

斯密认为劳动分工可以提高生产效率,并最终提高所有者的财富。不过,他也很明白劳动力分工所造成的社会性后果:基本技能和手工业的衰落,妇女儿童有可能参与到劳动力市场,以及因为收入的不同而造成的不同社会阶层。他承认长期以来资本所有者都在竭尽全力地限制劳动者的工资。这使得对经济持相反观点的其他社会学家有了一个机会:资本主义是社会发展的一个过渡性阶段,世界将被一个基于合作、规划和全民拥有生产资料的更加人性化的经济系统所取代。

考虑到经济学和社会学之间的各种争论,有越来越多的人研究政府行为也就不足为奇了。19世纪,如同经济学家为资本所吸引一样,有一部分社会学家对政府的角色很感兴趣,他们后来被称为政治学家。这些政治学家很快研究了亚当·斯密的自由贸易经济对政策的影响。政府应该如何应对劳动人民新的权利诉求，同时又兼顾资本所有者的私有权？决定谁在什么时候、在哪里、如何得到什么东西，成为政治科学这一新领域的核心。

很快，另一门学科占领了社会学中除了经济学和政治学之外的地盘：人类学。刚开始，人类学分为两个方面：物理人类学和文化人类学。物理人类学主要关注人类作为一个物种的进化以及其基因库，如对世界人种分类的研究。文化人类学则是调查远古和当代社会中不同人群的社会行为。也就是在文化人类学中，社会学出现了。刚开始的时候，人们很难将文化人类学家和刚兴起的社会学家区分开来，当社会学家将注意力重点放在当代社会，将远古社会丢给人类学家时，区别开始明显起来。

在20世纪，社会学进一步分为社会心理学和社会生物学。社会心理学研究人类个体思想和群体思想与社会秩序的关系。他们希望解释文化如何影响心理学，以及与之相应的，群体心理学如何影响文化。在下一章中我们会详细讨论这一点。

而社会生物学家则需要感谢达尔文。学术界对达尔文进化理论的接受，以及进化理论本身在科学上的成熟，使一些科学家提出了用生物学方法看待社会的设想。在这方面没有人能与耶鲁的社会学家威廉·格拉厄姆·萨姆纳（William Graham Sumner）匹敌，他开启了一个名为"社会达尔文主义"

的运动，在这场运动中，他试图将亚当·斯密的自由市场经济的原理，与达尔文的自然选择理论结合起来。

在萨姆纳的思想中，自然界中的生存斗争与社会中的生存斗争一定有相关性。他相信市场与自然一样，在为获取珍贵的资源而不断斗争，因此人类的自然选择过程，最终会导致社会、政治和道德的进步。

"二战"之后，社会达尔文主义者从学术争论中消失了。直到最近，生物学的概念才重新浮出水面。一些科学家重提社会学和生物学的联系，并由此形成了一个新的领域——社会生物学，其中最著名的是爱德华·O. 威尔逊（Edward O.Wilson）。然而，他们大部分人将自己与导致社会不公的自然选择区分开来，他们认为这是对达尔文理论的曲解。相反，新的社会生物学家重点研究那些与进化以及进化对社会发展的影响相关的科学原理。

■■■

社会科学的各个学科（社会学、政治学、经济学和它们的分支）归根结底，都是用不同的平台研究一个主要的问题：人类如何将自己融入群体或社会中，以及这些群体是如何表现的。政治学的研究让我们明白人们如何建立政府；经济学的研究帮助我们了解商品是如何被制造出来并用于交换的。当然每个个体都自主地参与到不同的组织中，因此那些想要了解行为的人，更关注于不同的组织之间如何相互包容、相互影响。

社会学大一统的理论在19世纪末已经衰落，但到了21世纪初开始兴起一股被认为是新大一统的方法。科学家开始研究整个体系的行为——不仅仅是个体和群体，还有个体间、群体间的相互作用，以及这种相互作用的方式如何进一步影响行为。因为这种相互影响，我们的社会体系在不断地参与社会性的进程，结果不但影响个体的行为，还常常会导致一些出人意料的群体行为。

诚然，这是研究人类的一种复杂的观点。人类是一种复杂的动物，那些希望了解人类行为的人，必须要找到一个方法来处理这种复杂性。幸运的是，现在出现了一种可以运用的科学性的方法，也就是复杂理论（complexity theory）。

▪▪▪▪

在前面的章节里，我们已经了解到经济学和股市是复杂的体系。而复杂性（complexity）这个名词，源于拉丁语词"丛"（plexus），是相互交织的意思。当我们想到复杂性时，很容易联想到将个体从整体中分离开来的困难性。更重要的是，单独的研究个体特性对观测有负面影响，因为我们知道个体的行为受集体中其他个体的影响。我们已经知道经济和股市是适应性系统。因此，它们的表现随着系统中不同因素之间、不同因素与系统之间的相互影响而不断变化。

现在很多社会学家也提出了同样的假设。他们认识到社会系统，不论是经济、政治还是社会，都是复杂的系统。而且，社会学家现在意识到，社会系统的普适性本质是它们的可适性。

从那些现在研究复杂适应系统的先驱科学家身上，我们可以一窥一个伟大的叫作人类的社会体系，进而将其扩展到类似于股市这种特殊的体系。

这些系统的其中一个方面是其形成过程。人们如何聚在一起，形成复杂的体系（社会组成），进而按照某种自律自我组织呢？这个问题引出了一种可能描述所有社会体系的行为框架的新假设。那就是自组织理论。

"自组织"这个名词是指在没有一个绝对权威或者其他预先计划的因素下，一个系统结构的形成过程。我们可以在化学、生物、数学和电脑科学中观察到自组织。它也会出现在人类社交之中。

"自组织"这个词首先出现在伊曼努尔·康德（Immanuel

Kant)的《判断力批判》(*Critique of Judgment*,1790)一书中。康德将存在定义为其组成部分可以自发地开始一个行动,也就是其组成部分能够独立思考,能够控制自身。他写道:"每个组成部分都认为它代表着其他部分的思想,也体现着其他部分的利益……只有在这样的条件和框架之下,这个东西才能被称为有组织或自组织的事物"。

作为一种理论,自组织尽管与起源于20世纪60年代的通用系统理论联系在一起,但直到20世纪70年代末80年代初物理学家开始拓展复杂系统时,自组织才为主流学派吸纳。苏联的化学家伊利亚·普里高津(Ilya Prigogine)很相信逐渐流行的自组织理论。他因为提出自组织的热力学概念荣获1977年诺贝尔奖。

著有20本书、发表超过200篇论文、并荣获2008年诺贝尔经济学奖的经济学家保罗·克鲁格曼(Paul Krugman)开始系统性地研究自组织理论,尤其是与经济学相关的那部分(《自组织经济》(*The Self-Organizing Economy*),1996)。为了展示自组织是如何工作的,克鲁格曼让我们想象一下洛杉矶。今天,我们都知道洛杉矶不再只是同性恋的聚集地,而是集中了不同的社会经济体、种族和少数民族聚集地,包括韩国城、沃茨镇和贝弗利山。洛杉矶的周围还聚集着很多商圈。现在的每个商圈都不是由城市设计者在地图上画出来的,而是自组织的自发过程。韩国人为了与其他韩国人更紧密,会搬到韩国城。随着人口的增加,越来越多的韩国人会聚集在韩国城附近,这样这个自组织的社区又被自身所加强。没有什么中心管理者为所有人做决定,克鲁格曼解释说;城市就这样自发地进化和自行组织起来。

大城市的演变是自组织和自我加强体系的一种相对简单的例子,我们在经济体系中也会观察到类似的情况。在不考虑因为外在事件,如石油危机或军事冲突导致的突发经济危机和复苏的情况下,克鲁格曼认为经济循环主要是由自我加强导致的。在繁荣时期,自我加强的过程会产生更多的建设和制造,供过于求,则投资的回报开始下降,这个时候也就是经济系统崩溃的开始。而经济崩溃本身也会自我加强,导致越来越低的产出,当产出不足以满足需求时,投资回报将有所增加,于是又开始新一轮的经济复苏。有些人可能会辩驳说,美联储调节利率和开放市场的买入和卖出,就扮演着经济系统决策者的角色,但正如我们所知的,美联储并非全能的。如果停下来仔细地思考,我们会明白证券和债券市场没有绝对控制者,而这两个市场也是自组织和自我加强体系的绝佳例子。

重要的是,我们要记住自组织理论,就只是一个理论。虽然看上去它能合理地解释社会系统的运作方式,但目前还没有模型去测试它，它的未来不可预期。在寻找社会体系的行为的大一统理论时，自组织理论看上去是一个合格的候选者。

复杂适应系统的第 2 个特征——适用性与突变理论相重叠。这是指个体单元（细胞、神经或消费者）聚集在一起，创造出超过所有个体总和的方法。保罗·克鲁格曼认为亚当·斯密的"无形的手"是突变行为的绝佳例子。很多个体都在试图满足自身的物质需求、参与和别人相关的买卖活动，从而创造出一种叫作市场的突变结构。个体之间的相互迁就与系统的自组织，形成了一个行为的整体，这是一种超越所有个体之和的突变性质。

如同自组织的概念，突变理论也是一种理论。不过它看上去是对个体单元聚在一起并组织起来的较为周全的解释。虽然科学家在模拟自组织的现象时遇到了一些困难，他们还是在模拟突变行为时获得了非凡的进步。

▪ ▪ ▪ ▪

洛斯阿拉莫斯国家实验室（Los Alamos National Laboratory，LANL）是美国最大的能源实验室和世界上最大的多学科研究所。它的总面积有 43 平方英里，[一]雇员超过 1 万人，包

[一] 1 英里 = 1 609.344 米。

括物理学家、工程师、化学家、生物学家和地理学家。

大部分人知道洛斯阿拉莫斯是因为它研制出了第一颗原子弹，现在实验室的研究方向更加广阔，包括很多针对保护和改善地球上的生活质量的科学计划。洛斯阿拉莫斯目前正在进行的研究课题太多了，在此不一一列举。不过为了让你了解其研究的广度，我们稍微说一点，洛斯阿拉莫斯实验室有完整的纳米技术研究中心；开发可靠的、安全的、可持续的碳中和能源解决方案的能源安全中心；地理学和行星物理学研究所；中子散射中心和一个高能磁场实验室。

这其中最主要的是生物-安全科学研究中心（Center for Bio-Security Science，CBSS）。该中心成立于2008年，致力于在解决已有的、突发的和经改造的可能威胁国家安全、公共卫生和农业的感染性物质问题方面取得科技突破。生物-安全科学研究中心的减轻生物威胁计划，由主任加里·雷斯尼克（Gary Resnick）博士和助理主任诺曼·L. 约翰逊（Norman L. Johnson）博士领导。

约翰逊曾经在威斯康星大学研究化学工程，他很快因为善于解决大部分被认为是"非常困难"的问题而声名远播。约翰逊的成功，按他自己的说法，来自集合那些能够通过多学科的协同效应，打破不同领域的障碍的团队。

加入洛斯阿拉莫斯科学实验室之后，约翰逊建立了协同情报项目（Symbiotic Intelligence Project，简称 SIP，研究信息系统（如互联网）的特殊功能）和人类问题解决小组（其团队创造能力优于小组成员能力的简单叠加）。这种新建立的知识是集体的一种突变性资产。约翰逊指出，虽然"突变"这个词对大部分人来说可能是新词，但其实大家可能都经历过。千百年来，社会组织一直在以集体方式解决各种威胁到人类生存的问题。

约翰逊解释说，在自组织体系中有三个明显的特性。第一，复杂的国际性事件由简单的、相互联系的区域性的行为人构成。在一个社会体系中，区域性的行为人是个体。第二，解决方案来自个体输入的多样性。第三，系统的功能和坚固性，比任何一个个体行为人都要强大。约翰逊认为，在集体层面上，人类和互联网的协同效应将会产生比任何个体的影响都更强大的影响力。他设想将会出现"基于智能信息传送体系的不断增长的人类行为，可以创造出史无前例的组织和社会问题解决能力"。[2]

互联网的一个非常好的特点是它能够帮助处理数据。约翰逊认为在这个方面，相对于以前的系统，互联网处理数据有三大优势。第一，相对于其他系统将信息分类为不同的类型，互联网能够整合大量的信息。第二，互联网能够获取并呈现信息的深度。因为数字化，系统可以在不增加额外费用的情况下，产生大量的数据。第三，互联网能够正确处理信息。正如我们在下一章"心理学"中将要了解的，个体间的交流偏差会导致信息的失效。而互联网通过精确的方式进行数据交换，如同用书籍和文件传递信息。约翰逊认为这三大优势，与互联网上互相连通的几百万人，将会显著提高自组织系统的集体问题解决能力。

为了说明突变现象，我们先从一个熟悉的社会系统入手：蚁群。蚂蚁是群居的昆虫（它们共同居住在一起，它们的行为以种群的存活为目标，而非某一只蚂蚁的生存），很长时间以来社会学家都在研究这一特殊群体的决策过程。

蚂蚁最有趣的一个行为是其觅食、然后寻找食物与巢穴之间最短距离的过程。[3] 在这两者之间，蚂蚁留下了一条味诱激素铺成的印迹，以便它们找到那条最短的路径，并告知其他蚂蚁食物的位置。

刚开始，寻找食物的过程是随机的，蚂蚁会朝不同的方向运动。一旦找到了食物，它们就返回巢穴，边走边留下味诱激素。但现在有一个很复杂的集体问题解决方案：蚁群作为一个整体，可以选择最短的途径。如果某个蚂蚁碰巧发现食物和巢穴之间的一条更短的路径，它回到巢穴的时间更短，因此会引起其他蚂蚁对这条更短路径上留下的味诱激素的关注，它们也会选择走这条捷径，使其味诱激素的浓度更高，而这又提高了这条新发现的更短路径被选择的可能性。在被选择的路上蚂蚁的数量不断增加，其味诱激素会更浓，又会进一步吸引更多的蚂蚁，直到这条路径变成最佳路线。科学家已经证明了蚁群这种留下味诱激素印迹的行为是在寻找最短路径解决方案。换句话说，这种优化的解决方案就是蚁群的集体行为的突变特质。

像其他着迷于蚁群行为的人一样，诺曼·约翰逊开始着手测试人类解决集体问题的能力。他在电脑上设计了一个有无数路径的迷宫，其中有一些穿过迷宫的路径比较短。电脑模拟了两种不同等级的迷宫：初级阶段和进阶阶段。在初级阶段，实验者在没有相关知识的情况下探索迷宫，直到目标被找到。这就像蚂蚁刚开始去寻找食物的过程。在进阶阶段，实验者将学到的经验应用到实践中。约翰逊发现在第一阶段，实验者平均需要34.3个步骤来破解迷宫，而在第二阶段只需要12.8个步骤。接下来是寻找集体解决方案，约翰逊收集了所有个体解决方案，然后将其应用于进阶阶段。他发现当人数超过5个时，他们解决问题的能力就会高于个体解决问题能力的叠加之和。只要有20个人一起行动，即使他们对迷宫一无所知，他们也能很快发现迷宫中最近的路径。约翰逊说，这种集体解决问题的方式，是系统的突变特质。

尽管约翰逊的迷宫是电脑模拟的简单问题解决模型，但它证明了突变行为。它也让我们更好地了解产生突变行为的自组织系统所包含的重要特征。这个特征是多样性。约翰逊解释说，如果个体将各种解决问题的经验集中于将要解决的问题时，集体解决方案将会加强。有趣的是，约翰逊发现如果一个系统中只有高绩效的人士，其集体解决问题的能力反而有所降低。看上去集体的多样性能更好地适应体系的突变。[4]

总的来说，约翰逊的研究显示，理论上股市在拥有多样的投资者时——部分普通的投资者、部分差劲的投资者和部分非常聪明的投资者，会比一个只由聪明投资者组成的股市更具有波动性。乍一看，这个结论有悖常理。今天，我们很容易将股市的自然波动归责于激进的个人投资者和交易员。但如果约翰逊是正确的，投资者、交易员和投机者的多样性——诸如很聪明或很笨，会让市场更强大，而非更虚弱。

诺曼·约翰逊的另一个重要观点是，他发现在一个具有多样性的系统中，对中等程度的干扰（类似于各种不和谐、破坏性的行为）非常不敏感。为了证明这一点，约翰逊有意地减少某个参与者的贡献；结果发现这种行为对其他参与者寻找迷宫的最短途径毫无影响。就算是最高级别的破坏，群体行为在经过短暂停滞之后，依然能够找到最佳路径。在没有达到系统承受力的上限之前，任何干扰都不会中断群体决策的过程。

诺曼·约翰逊的观点看上去与经典的从众行为的观点相

反。从亨利·大卫·梭罗，到托马斯·卡莱尔，再到弗里德里希·尼采，这些19世纪最聪明的人都很怀疑集体的判断力。梭罗曾说过"成为群体的一员，会让我失去方向"。尼采告诉我们"群体永远不会达到其中最优秀的那群人的标准"，而卡莱尔写道"我不相信那些忽略个体的集体智慧"。[5] 不过他们对群体智慧的批判远不及古斯塔夫·勒庞（Gustave Le Bon）。

勒庞是法国的社会学家和心理学家，他毕生致力于研究羊群效应和群体心理学。其出版于1895年的经典之作《群体心理学》(*La psychologie des foules*)，英文版又称为《乌合之众：大众心理研究》(*The Crowd：A Study of the Popular Mind*)。乍一看，勒庞在这本书中预言了诺曼·约翰逊的观点。他在书中写道：群体作为一个整体，能够产生比所有个体简单叠加更大的能量。群体能够整体运作，并形成自身的特质和意愿。不过约翰逊告诉我们，人群突变具有超级推理能力，而勒庞的观点却与之相反。和梭罗、卡莱尔、尼采及麦基一样，勒庞认为人群"无法做出需要更高智商才能做的事情"并且"人群的智慧总是低于个体的智慧"。

谁是正确的？

答案在一本有名的书中可以找到——《群体的智慧：如何做出最聪明的决策》(*The Wisdom of Crouds：Why the Many*

Are Smarter Than the Few and How Collective Wisdom Shapes Business, Economies, Societies, and Nations）。这本书的作者是《纽约客》（*The New Yorker*）的专栏作家詹姆斯·索罗维基（James Surowiecki），其目的是用简单有力的观点"在适当的情况下，群体会显得非常聪明，并且常常比其中最聪明的人还要聪明"[6]，来反驳麦基的"群众性癫狂"观点。

索罗维基在书中首先讲了英国维多利亚时代的学者弗朗西斯·高尔顿（Francis Galton）的故事。在1907年发表于《自然》（*Nature*）杂志的文章中，高尔顿描述了他在西英格兰牲畜和家禽展览上发起的一个竞赛。竞赛中，有787个人花了6便士来竞猜场中一头大牛的重量。只有很少的猜测者是农场主或屠夫，也就是这场竞赛中的专家，其他绝大部分人对农场动物没有经验。基于此，高尔顿认为参与者中只有一小部分非常聪明的猜测者，一小部分毫无头绪的猜测者，绝大部分是普通的猜测者。根据这个模型，他猜测这787个参与者给出的结果很可能比较糟糕。但他想错了。

那头牛的真实重量是1 198磅。高尔顿收集了所有的猜测答案，然后画出正态分布图。他发现猜测的中值与牛的真实重量差别只有0.8%，平均值相差0.1%。也就是说，人们的猜测的平均重量是1 197磅。高尔顿发现正态分布两端的尾部误差可以相互抵消，而结论不变。

根据索罗维基的说法，集体能够产生优秀的决策需要两个重要的元素：多样性和独立性。如果一个集体可以容纳各种各样的、从各方面思考问题的个体，其决策会优于一群思想类似的人的决策。[7]

作为第二个重要元素，独立性不是说团队中的每个人都孤立的，而是团队中的每个人都不受其他人的影响。独立性在群体决策过程中之所以重要有两个原因，索罗维基解释说："第一，它使得人们犯下相关的错误。个人判断力出现错误不会影响机体的判断，因为那些错误不是同一个方向的系统性错误。第二，独立的个体更有可能获得相对于已经熟悉的旧有数据来说较新的信息。"[8]

※ ※ ※

根据索罗维基和诺曼·约翰逊的研究发现，密歇根大学的斯科特·佩奇（Scott Page）进一步研究了聪明的集体。[9]佩奇是莱昂尼德·赫维奇学院复杂系统、政治学和经济学的教授，也是复杂系统研究中心现任主任。

和约翰逊一样，佩奇建立了一系列电脑模拟的问题解决模型，来证明多样性群体在解决问题时的突变结果。比如说，佩奇将10～20个个体分为一组，每个个体都拥有不同的技能，让每个组解决不同困难程度的问题。每组都有一些善于解决特定问题的聪明个体和其他不那么有效率的个体。佩奇发现那种既有聪明的个体又有不聪明的个体的团队，相对于那些全部由聪明个体组成的团队，更容易解决问题。而且，随便找一些人组成的团队与精挑细选聪明人组成的团队，其解决问题的能力相似。

在《不同之处：多样性领导如何产生更好的群体、企业、学校、社团》(The Difference: How the Power of Diversity Creates Better Groups, Firms, Schools, and Societies) 一书中，佩奇坚定地认为，"多样性的观点和工具，能够让群众找到更多更好的解决方案"。他进一步说："多样性的预测模型能够让群众精确预测价值。"[10]

他所说的"预测模型"是什么？例子有好莱坞股票交易中心（电影票房的预测），艾奥瓦电子市场（政治竞选的预测）和 Intrade（自称为世界先进的预测市场，你可以在其中对赌你想都没想过的事物）。这些市场都是由多样性的、独立思考的人群组成的。正确的决策会有奖励，而这些市场集合了群体的决策。

这些预测性市场的有效性如何？换个说法，他们预测结果的正确率如何？证据显示，正确率非常高。

还有一个预测性的市场可供观察。那就是股市。

▪ ▪ ▪ ▪

现在我们来到一个十字路口。股市是由查尔斯·麦基所说的不断制造泡沫和股灾的非理性的投资者组成的，还是由弗朗西斯·高尔顿所说的能够做出奇迹般正确预测的高端人士组成的？答案是这要视情况而定。

我们知道股市是囊括了各种投资决策的一种基于动机的体系。我们需要知道的是，市场的多样性及其参与者的独立性。如果股市具有足够的多样性，还有更重要的一点，如果其参与者都达到了独立性的程度，市场很有可能是有效的。索罗维基提醒我们，我们看到一些不理性的投资者，并不意味着市场是没有效率的。甚至可以说，效率市场假说的支持者锁定"聪明的人群"这一目标，是对市场效率的歪曲。[11]

如果独立性消失了会怎样？如果市场参与者的决策不再独立，反而统一成一种观点会怎样？这种情况发生时，系统失去了多样性，无法再获得优化的解决方案。如果多样性是集体找到解决方案的关键，那么多样性的消失会导致次优的结果——在股市中，多样性的消失将导致市场的失效。

科学家在集中精力研究什么事情会导致多样性消失。《魔鬼投资学》（*More Than You Know*：*Finding Financial Wisdom in Unconventional Places*）和《反直觉思考》（*Think Twice*：

Harnessing the Power of Counterintuition）的作者迈克尔·莫布森（Michael Mauboussin）告诉大家"当人们是基于其他人的行为而不是通过自己的信息做决定时，信息流（会导致多样性消失）产生了。这些信息流有助于解释泡沫、时尚、流行和灾难"。[12] 社交网络理论家将社会关系看成节点和链接，所谓的"节点"是指一个个的行动者，而链接则是这些行动者之间的关系，我们将这些作为了解信息流为何可以横扫大部分人的核心框架。

莫布森提醒我们多样性的消失不仅是一个大群体会产生的现象，在较小的群体中也可能会出现。无论是委员会、仲裁团还是工作小组，导致多样性消失的信息流主要是由于主要领导人根据有限的事实，有时甚至是在没有事实依据的情况下做决定而产生的。

为了解释自己的观点，莫布森引用了哈佛法学院凯斯·桑斯坦（Cass Sunstein）教授的观点。桑斯坦第一次将民主党和共和党的成员按照思维是否相似分成不同的组，然后让每组就诸如同性恋婚姻或平权运动等话题进行辩论。然后桑斯坦重新分组，每个组中都有同样数量的民主党或共和党，再继续上述的辩论。有人可能会认为新的小组之间会达成一个更加温和的共识。但事实是，因为这些多样性小组的强大领导人的原因，各小组最终形成的观点——也就是领导者的观点，比前面分组讨论时形成的观点更加极端。不论是民主党还是共和党的领导者，都会影响其他组员，使之完全站在自己的一边。

这些年来有很多文章都在探讨群体的从众性。最著名的心理实验可能是所罗门·阿希（Solomon Asch）在20世纪40年代关于个体在群体压力之下的从众性，莫布森也描述了这一点。

阿希首先将8个人分为一组，每组被要求完成一个非常简单的任务。一些黑板被分成两个部分。左侧画了1条线，右侧则是3条各不相同的线，其中只有1条与左侧的线相同。小组成员要判断哪条线的长度与左侧的相同。刚开始比较顺利。然后这时候8个人中的7个人（事先被安排好的人）都一致认为，右侧较短的那条线与左侧的线条长度相同。阿希希望测试唯一的那个真实受试者的反应。

结果如何呢？尽管很多受试者坚持自己最初的看法——受试者仍然是独立的，但仍有大约1/3的受试者改变了自己的看法以配合其他成员的意见。阿希发现团体的决定，就算是非常小的决定，也会对个人的决定产生明显的影响。[13]

∷ ∷ ∷

当灾难来临时，我们本能地会去寻找其本质原因，因为这样可以避免另一场灾难，或者至少因为知道发生了什么事情而有些许安慰。我们最喜欢那种单一的、易于识别的因素，但现实并不总是这样。很多科学家认为生物学、地理学和经济学中大多数事件，无法用单一的事件解释，而更有可能用由很多小事件导致的雪崩效应来解释。丹麦的理论物理学家伯·巴克（Per Bak，1948—2002）建立了系统表现的统一理论"自组织临界状态"。

巴克说，复杂的大系统可以分解成成千上万个小的相互作用的小系统，这不仅是因为它是由小的事件组成，更是因为它是由小的事件的相互作用组成。为了解释自我-临界的概念，巴克常常用沙堆做比喻。假设有一个机器将沙子一粒粒落到一个大的平台上，刚开始的时候，沙子落得到处都是，慢慢地就形成了沙堆。随着沙子的堆积，沙堆的侧面变得平滑。最终，沙堆无法再变高。沙子落到最高点的时候就会直接滚落。巴克推导说，沙堆是自组织的，因为没有人决定任何一颗沙子的位置。每一颗沙子都被其他无数的沙子固定住。当沙堆到达了最高水平时，我们可以说沙子到达了一个临界点，沙堆濒临不稳定的边缘。

再加一颗沙子，这颗沙子将会造成一个小崩溃，沙子会沿着沙堆的侧面落下。沙子在遇到了一个稳定的位置时将会停下；否则它将一直滚落，可能还撞到其他不太稳定的沙子，让更多的沙子滚落下来。这场雪崩一直到所有不稳定的沙子都落下了为止。如果雪崩之后的沙堆比较平坦，我们可以称沙堆处在亚临界点状态，在沙子不断增加并再次发生雪崩之前都处在这一状态。

伯·巴克的沙堆比喻是我们理解不同系统的行为的有力工具。在自然和社会系统中，我们可以看到这种稳态：系统由一系列固着的、处于临界状态的亚系统组成，在某种情况下，慢慢地才能发现它们滋生的极端性。股市也是这样的系统吗？当然是，巴克说。

在"由很多人参与的股票市场的价格波动性"这篇与另外两位同事一起合写的文章中，巴克为他的理论做了解释。[14]他们建立了一个非常简单的模型以期捕捉股市中两种不同参与者的行为。他们将这两种人分为易受影响的交易员和理性的投资者。这里要向这些作者道歉，我将会用大家更熟悉的趋势交易者和基本面交易者来代替他们的称呼。趋势交易者通过市场的变化在股票上升时买入或下跌时卖出。基本面交易者基于股价和真实价值之间的差异来决定买入或卖出，而非股价的变化。如果股票目前的价值高于价格，基本面交易者将买入股票；如果价值低于目前的价格，他们将卖出股票。

大部分情况下，趋势交易者和基本面交易者的相互作用基本是平衡的。市场的整体买入和卖出没有太大变化。我们可以将其说成沙堆处在成长期，还没有出现崩溃现象。换句话说，市场是多样的。

股价上升时，趋势交易者相对于基本面交易者的比例增加。这起到了作用。随着股价的上升，越来越多的基本面交易者决定卖出股票，离开市场；同样越来越多的趋势交易者被股价上升而吸引进入市场。当基本面交易者的数量相对少的时候，股市的泡沫出现了，巴克解释说，因为股价远高于基本面交易者愿意支付的价格。进一步拓展沙堆的比喻，随着基本面交易者的减少，以及趋势交易者的增多，沙堆的形状变得越加陡峭，发生雪崩的可能性越来越大。我们可以再次说，基本面交易者和趋势交易者之间不再平衡，我们走向了多样性消失之境。

在这里记住巴克的自组织临界性能够解释所有雪崩的情况很重要，如果它只能用于解释某个特定的雪崩的话就没什么意义了。如果我们最终可以预测个人的雪崩，那这肯定不是因为人们掌握了自组织临界，而是因为掌握了其他还没有发现的科学。

这无损于巴克思想的重要性。真实情况是，很多著名的经济学家认为巴克在自组织临界性上的研究，是对复杂适应系统如何表现的可信解释，这些科学家包括诺贝尔物理学奖得主菲尔·安德森（Phil Anderson）和圣达菲研究所的布赖恩·亚瑟。他们都认为自组织系统由不稳定的波动所主导，而这种不稳定是经济体系中无法避免的特征。

当然，所有参与者对股市的不稳定带来的痛苦感同身受。这种痛苦让很多人晕头转向。如果能够更好地了解它，自然能够缓解我们的沮丧。为了更好地看待不稳定的动态，我们要再回顾一下社会科学。

∷ ∷ ∷

法学家黛安娜·理查兹（Diana Richards）致力于研究导致复杂系统中的个体变得不稳定的原因。用巴克的说法是，她试图找出一个复杂系统的个体到达自组织临界点的原因。

根据理查兹的观点，一个复杂的系统需要容纳系统中个体的大量选择。[15] 她将这称为"集体选择"。集合所有个体的选择并不总是能够得到群体的选择；我们也无须假设选择的集合（也就是个体选择的总和）总会是稳定的结果。理查兹说，当系统中的所有参与者获得的信息能够让他们得出单一的群体决策时，集体选择出现了。集体决策的出现，不需要所有的参与者都拥有特定的信息，但他们要对不同的选择持相同的解释。理查兹认为这种相同的解释，也就是她所说的共识，在所有复杂的稳定系统中扮演着重要的作用。共识越低，则不稳定性将越高。

这里有一个问题是，人们如何从众多选择中筛选。理查兹说，在没有明显倾向的情况下，系统趋向于在各种可能性中不断循环。你可能会认为这种循环结果将导致不稳定，但理查兹说，如果参与者对各种选择持有类似的思想框架（也就是共识），将不会产生不稳定。如果系统参与者对系统中的潜在选择没有相似的思想框架，就有出现不稳定的危险。这与股市的情况完全一致。

如果退一步来思考市场，我们已经可以辨别出呈现不同源模型的组成。我们已经知道基本面交易者和趋势交易者拥有不同的源模型。那些对个别公司不感兴趣，只对整体市场大势感兴趣的宏观交易者的源模型是什么呢？多空对冲基金的源模型呢？统计套利者和企业家的区别是什么呢？追求低波动性－绝对回报的量化策略呢？这里每个团队根据不同的事实、对市场运作的不同观点以及他们各自参与市场的方式，制定不同的策略。实际上，股市中有很多不同的源模型，如果理查兹的理论是正确的，那么正是这些导致了周期性的动荡。

如此看待复杂系统的价值是，如果我们了解了不稳定的原因，那么我们就有了清晰的方向，找到一些方法去解决这种不稳定性。理查兹说，一个要点是，我们应该考虑各种思想框架之下的信仰结构，而不是选择的特异性。另一个要点是，如果共识的概念是错误的，那研究的重点将是知识在系统中如何交换。在下一章的心理学中，我们将重点放在下面的两个方面：个体如何形成信仰结构，以及信息如何在股市中交换。

※ ※ ※

在此，我们有一个分析社会系统的指南针。无论经济学、政治学还是社会学，我们都可以说它们是复杂的系统（它们拥有众多的独立单元），它们是适应性的（系统中的个体基于与其他个体的互动以及与整个系统的互动来调节自己的行为）。我们还发现这些系统拥有自组织的性质，一旦组织起来，它们将出现突变行为。最后，我们明白复杂适应性系统是不稳定的、周期性的到达自组织临界点。

通过研究自然科学和社会科学不同领域的大量的复杂适应性系统，我们得出了以上结论。在目前的研究中，我们还不知道系统为什么会如此表现。我们还没有了解如何预测未来表现，尤其是在包括了难以预期的单元（人类）的复杂社会系统中。但我们可能走在一个更有价值的方向上。

复杂的社会系统与复杂的自然系统之间的区别可能是，在社会系统中我们可以改变个体单元的行为。虽然我们无法改变飓风的轨迹，但部分人关心的是，我们可以通过影响个体对不同情况的反应，而影响最终的结果。换句话说，尽管自组织临界点是包括经济系统在内的所有复杂适应系统的内在特质，尽管某种程度的不稳定是无法避免的，我们有可能通过更多地了解是什么导致了不可避免的临界点，而阻止一些可能出现的雪崩。

第 5 章

心 理 学

2002年的诺贝尔经济学奖颁发给了弗农·史密斯（Vernon Smith）和丹尼尔·卡尼曼（Daniel Kahneman），分别表彰他们在"建立了用实验方法进行实证分析，尤其是对动态的市场机制的研究"和"将心理学的研究融入经济学，特别是关于不确定性对人类判断和决策的影响"方面杰出的工作。这里要稍微强调一下，卡尼曼不是一名经济学家——他是一名心理学家。

心理学研究人类大脑如何工作。乍一看，它跟由资产负债表、利润表组成的投资世界距离好远。特别是当人们提到心理学时，常常会想到躺在治疗师沙发上备受折磨的灵魂这一类场景。但思维混乱只是心理学研究中很小的一部分。心理学的意思是"研究大脑"，因此心理学家关心大脑的所有功能——认知功能（思考和理解的过程）和控制情绪的功能。这些让心理学家研究人类如何学习、思考、交流和体验情感，如何处理信息和做决定，如何形成可以指导我们行为的核心信仰。

个体并不是完美的思考者，这种说法并不新鲜。在1 000年前，埃及、希腊、中国和印度的古心理学，就已经在关注后世的西格蒙德·弗洛伊德和卡尔·荣格的研究内容。有证据表明，伊斯兰医生在公元8世纪的摩洛哥菲斯，就开始治疗病人在精神方面的疾病。不过20世纪末出现的新情况是，人们逐渐意识到心理学在经济决策中的作用。这一激进的观点很快将经典的经济运行模型推翻了。因为当代证券组合理论建立在理性假设的基础之上，所以认为个体决策是非理性的，绝对会带来一场革命。这使得新一批思考者帮我们重新定位想法，他们是一批新的来自心理学而非经济学的思考者。

1968年，卡尼曼邀请阿莫斯·特沃斯基（Amos Tversky）在他的研讨会中做了一场邀请报告。特沃斯基是一位数学心理学家，⊖ 被认为是那个时代的认知科学的先驱。这是他们持续了近30年的，并最终获得诺贝尔奖的深入研究的开端。他们共同决定的特殊研究方法是不去研究人类判断的特定错误，除非他们在自己身上看到了那些愚蠢的错误。卡尼曼说："人们认为我们在研究愚蠢的行为，其实我们是在研究自己。"卡尼曼有一句描述他们所做的研究的经典语录："自嘲性研究。"[1]

不幸的是，特沃斯基在1996年去世，距诺贝尔奖的颁发只差6年。因为诺贝尔奖不颁发给过世的人，因此特沃斯基的名字不在诺奖的名单上。但是卡尼曼指出自己的工作是"与已故的阿莫斯·特沃斯基通过长时间非同一般的紧密合作

⊖ 数学心理学是利用数学模型来研究心理现象的心理学分支，主要采用定量方法来描述心理现象。——译者注

共同完成的"。

试图通过心理学理论解释市场无效性的行为金融学，出现在卡尼曼和特沃斯基的科学研究中。受篇幅的影响，本章节就不一一列举讨论他们所有的论文，实在太多了。幸运的是，他们大部分的研究成果都浓缩在一本经典的论文集中——《不确定状况下的判断：启发式和偏差》（Judgment under Uncertainty：Heuristics and Biases，1982）。在这本书里，你会看到所有我们将看到并理解的行为金融学术语：锚定、框架、心理账户、过度自信以及过度偏见。不过其中最重要的个体行为是损失趋避的概念。

1979 年，卡尼曼和特沃斯基写了一篇名为"预期理论：风险条件下的决策分析"的论文。这篇文章后来成为经济学权威杂志《计量经济学》（Econometrica）上引用率最高的文章。在这之前，约翰·冯·诺伊曼和奥斯卡·摩根斯顿（The Theory of Games and Economic Behavior，1944）的效用理论被认为是个体做出经济决策的信条。效用理论假定：对个体来说，那些相关因素对选择无关紧要。最重要的是个人利益最大化——个体对风险做出判断后获得最大化的满足。但卡尼曼和特沃斯基不这么认为。或许在一个理想化的世界里，效用理论是一个有效的概念，但他们知道个体的行为不会总是处在理想化的状态。

卡尼曼和特沃斯基的研究证明了框架性的相关因素如何形成，及其在个体得出结论时所起到的重要作用。在其中一个非常著名的试验中，他们让一群人来决定如何处理600人的公共健康问题。在第一组中，受试者被要求选择①保证200个人的安全，或者②有1/3的可能拯救600人，同时有2/3的可能救不了任何人。绝大部分人选择①。第二组的选择是：① 400个人全都死去，或②有2/3的可能600个人死去，同时有1/3的可能无人遇难。从两者中选择一个。这一次绝大部分人选择②。从数学角度来说这两组的选项是完全一致的。第一组中能保证存活的人的数量，与第二组中不会死去的人的数量完全一致。

大体上，卡尼曼和特沃斯基发现，人们在做决定时会规避风险，也就是在一个可能会导致损失的情况下，人们会希望有所得而不是承担风险。在效用理论里，最终资产的价值已经被确定。而在预期理论里，基于它的核心概念损失趋避，价值是由收益和损失来决定的。卡尼曼和特沃斯基证明，人们不仅仅看重最终的财富有多少，同时也看重这些财富是增值了还是贬值了。

预期理论最重要的发现：个体其实是厌恶损失的。卡尼曼和特沃斯基用数据证明个体对损失的厌恶，超过获得等量财富时的欢愉——差不多是2～2.5倍的差距。现在受欢迎的损失趋避概念，最终迫使经济学家重新思考人们做决定时的基本假设。

▪ ▪ ▪

尽管行为金融学是一个相对较新的领域，但它已经在全世界几乎所有的商学院都流行起来了。讽刺的是，一些观点出现于芝加哥大学经济学院——也就是因假设理性投资者和效率市场理论获得诺贝尔经济学奖而闻名的学院。康奈尔大学的前经济学家，现在是芝加哥大学商学院的行为学和经济学教授的理查德·泰勒（Richard Thaler），便质疑过投资者的理性行为。

很多年前，泰勒就曾与卡尼曼、特沃斯基以及行为金融学领域的其他人学习合作。泰勒的很多研究可以从他的畅销书《赢者的诅咒：经济生活中的悖论与反常现象》（The Winner's Curse: Paradoxes and Anomalies of Economic Life，1992）中获知。不过泰勒为投资者所知可能是因为一篇他与什洛莫·贝纳茨（Shlomo Benartzi）合写，发表于1995年的文章"用短视性风险规避模型解释股票溢价之谜"。[2] 贝纳茨是加州大学洛杉矶分校安德森管理学院的教授和行为决策小组的联席主席。在这篇文章中，泰勒和贝纳茨将预期理论中的损失趋避提取出来，将其直接与股市联系起来。

这篇突破性的文章的标题引导我们讨论两个相互关联的问题：第一，股票风险溢价是不可知的；第二，由卡尼曼和特沃斯基定义的损失趋避不合理且阻止投资者长期获利；也就是，让投资者变得短视。

股票风险溢价这个术语很多投资者都知道，但很少有人真的理解其中的含义。它指的是资产相对于10年期美国国债无风险利率（之所以称为无风险利率是因为到现在为止政府还从未违约过），在风险更高的股票市场所获得的回报差额。投资者从任何一只股票或整个市场上获得的超出这个利率的回报，即是投资者在股票市场承担更多风险后获得的补偿——股票风险。比如说，一只股票的回报是10%而同期无风险利率是5%，股票风险溢价即是5%。而风险溢价的多少取决于某只股票或整个市场的风险性。纽约大学斯特恩商学院的经济学教授阿斯瓦斯·达摩达兰（Aswath Damodaran）说，股票风险溢价在1961年大概是3%，在20世纪80年代大概是6.5%。

泰勒和贝纳茨好奇于两个问题。一个是为什么股票风险溢价这么高；另一个是既然我们已经知道股票持续多年表现优异，为什么还有人愿意持有债券呢？他们认为，答案就是卡尼曼和特沃斯基提出的两个中心概念。第一个是损失趋避；

第二个是一个行为学概念——心理账户。

按照泰勒的说法，心理账户是人们用来计算投资产出的方法。为了将这些观点联系起来，泰勒首先回顾了由保罗·萨缪尔森提出的一个老问题。1963年，萨缪尔森问一位同事选择哪个做对赌：50%的机会赢200美元，或50%的机会亏100美元。这位同事首先礼貌地调低了对赌的金额，然后说他希望玩100次这个游戏，这样他就不用在意每一次对赌的结果了。这一建议引起泰勒和贝纳茨的注意。

萨缪尔森的同事要接受对赌得先满足两个条件：增加游戏时间的长度和减少他关注结果的频次。让我们将视角转向投资领域，泰勒和贝纳茨推导出：投资者持有一项资产的时间越长，这项资产的吸引力就越大，前提是不要总是去看回报。只要不是每天看投资组合，你就免于被每天的价格波动煎熬；持有的时间越长，你面对波动的时间就越短，因此你的选择看上去就更有吸引力。换句话说，使得投资者不愿意承受持有股票风险的两个因素是：损失趋避和频繁查看价格。借用近视这个医学词汇，泰勒和贝纳茨创造了短视性损失趋避这个词汇，用于指代损失趋避和衡量投资的频率。

泰勒和贝纳茨接着思考如何用短视性损失趋避来解释股票风险溢价。他们想了解风险趋避和估值频率各自占股票历史回报的百分比是多少。他们问道，投资者通常间隔多久去估算一下投资组合，才会对股票和债券的回报历史分布没有影响。答案是：1年。

暂且不管1年才查看一次股票投资组合这个时长的真假，从科学的角度得出1年的结论是很直接的。泰勒和贝纳茨测试了回报、标准偏差以及股票在1个小时、1天、1年、10年和100年的时间中获得正回报的可能性。接着他们得到了一个与损失趋避因子有关的效用函数（效用＝股价上升的可能性 $-2\times$ 股价下跌的可能性）。股票历史回报结果显示，持有股票1年以上，其效用函数才为正值。

泰勒和贝纳茨认为，在讨论损失趋避时必须加进计算回报的频率，很明显，如果在短时间内计算风险较高的类似于股票这样的投资组合的回报，投资者对回报可能不太满意。"损失趋避是一种本能，"泰勒和贝纳茨说，"作为一种策略性的选择，计算回报的频率是可以被改变的，至少理论上是可以的。"

在我看来，阻止投资者在股市中获得好的回报的最大心理障碍就是短视性损失趋避。在这28年的投资经历中，我亲身经历投资者、投资组合管理人、咨询师和大投资机构的成员，因为频繁查看报表上的损失（短视性损失趋避）而遭受巨大的伤痛。能够克服这一负面情绪的只有少数人。

难怪那些克服短视性损失趋避的人能成为伟大的投资者，

比如沃伦·巴菲特。我一直认为巴菲特的成功是他的投资机器伯克希尔－哈撒韦公司的一个产物。因为伯克希尔不仅仅持有股票，还持有全资的公司，巴菲特从这种独特的视角中获得了巨大的成功。在评价自己时，巴菲特引用他的良师益友本杰明·格雷厄姆的话："因为他是一个商人，所以他是更成功的投资者；又因为他是一个投资者，因而成为一个更优秀的商人。"[3]

打个比方，商人巴菲特懂得只要他的公司在稳定的管理之下持续获利，他投资资产的价值就会不断增加。他不需要市场的肯定。他常说："我不需要股价告诉我那些我已经知道的真实价格。"

1988 年，巴菲特在可口可乐公司投资了 10 亿美元。这项投资在那时是伯克希尔最大的一笔股票投资。10 年之后，可口可乐的股价增长了 10 倍，而同期标准普尔 500 指数只增长了 3 倍。然而，可口可乐的股票并不是一直在上涨。那 10 年中，有 6 年的时间，可口可乐的股票表现优于大市，而剩下 4 年则低于大市。[4] 如果计算损失趋避函数，我们发现在这 10 年里投资可口可乐的情绪效用是负值（6 个情绪正值 -2×4 个情绪负值）。

或许巴菲特读过约瑟夫·德拉维加在《乱中之乱》中写的准则："那些知道如何忍受打击而没有被不幸吓倒的人，在面对恐吓时会像狮子一样咆哮,而不会像其他胆小的人一样想要逃跑。"

◼ ◼ ◼

本杰明·格雷厄姆通过两本经典教材——《证券分析》(Security Analysis,1934)和《聪明的投资者》(The Intelligent Investor,1949,1973)教授了整整三代投资人如何在股市投资。可以毫不夸张地说,他的价值投资理论帮助了成千上万人选股,但大家常常忽视他对投资心理学的想法。

格雷厄姆的教学和写作,致力于让人们区分投资和投机。他给出的信息比那些定义要深刻多了。他坚持道,我们必须明白股票既有投资的性质,又有投机的性质。也就是说,我们知道决定股价走向的根本原因是经济走向,但我们也必须明白"大部分情况下股票在不理性和过度的价格波动之中,这是大部分人一直在进行的投机或赌博的结果,使得希望、胆怯和贪婪有机可乘。"[5]

他提醒,投资者必须对市场的起伏有所准备。他的意思是说,从心理到财富都要有所准备——不只是明白转折就要发生,还要在转折发生时知道如何恰当地应对。怎样才算恰当的反应呢?在他看来,投资者在面对一个毫无吸引力的价格时，要做的就是和商人一样——无视它。

"投资者在面对持续的资产下跌时，强烈的不安会将他最基本的优势转化为劣势，"格雷厄姆说，"如果一个投资者的股票无人问津，他最好把股票放一放，如果不这样，他很有可能因为别人的错误判断而备受精神折磨。"[6]

当他意味深长地说"精神折磨"时，格雷厄姆是在描述短视性损失趋避的负面影响。这比泰勒和贝纳茨发表他们的文章时要早45年。

■ ■ ■

到此为止我们从理论的角度（格雷厄姆）、学术的角度（卡尼曼、特沃斯基、泰勒和贝纳茨）和实践的角度（巴菲特）阐述了心理学和投资的联系。很明显，巴菲特是一个特殊的例子——他跨越了心理上的障碍，在投资中获得巨大成功。不过正如我们所知，他是一个特例，不是准则。

1997年，加利福尼亚大学的行为经济学家特伦斯·奥丁（Terence Odean）发表了一篇名为"为何投资者交易如此频繁？"的文章。为了回答这个问题，他查阅了10 000名匿名投资者的投资表现。

在长达7年的时间里（1987～1993年），奥丁跟踪了一家大型经纪行 10 000 个随机挑选的账户,收集到 97 483 次交易。他看到的第 1 个现象是投资者每年买入或卖出他们投资组合中的 80%(确切来说是 78%)的资产。然后他从 3 个不同的时间段(4 个月、1 年和 2 年)比较了组合的表现。在这些数据中,他发现了两个令人吃惊的趋势:①投资者买入的股票表现总是低于大市,②卖出股票的表现总是优于大市。[7]

为了更深入地理解这个现象,奥丁接着研究了 66 465 户家庭的交易表现和结果。在名为"交易会吞噬你的财富"(2000)的文章中,奥丁和加利福尼亚大学戴维斯分校的金融教授布拉德·巴伯(Brad Barber),比较了高频交易者和低频交易者的交易记录。他们发现,平均来说,最激进的交易者的回报率最低,而那些交易最少的投资者获得的回报最高。[8] 这显示,那些因为短视性损失趋避而痛苦,然后卖掉表现不好的股票的人的股市表现——远低于那些在自然波动中坚持下来并持有股票的人。

不幸的是,投资者面临的问题可能只会越来越糟糕。在 2001 年的一篇名为"互联网与投资者"[9] 的文章中,奥丁和巴伯认为互联网对投资者来说,伤害性可能更大。乍一看上去,这与我们认为信息是有益的说法相悖。但奥丁和巴伯认为,网上巨量的信息让投资者轻易地锚定那些对他们的预测有支持作用的证据，这使得投资者对自己的选股能力过于自信。

"互联网对投资的改变，可能让在线投资者对自身的知识和控制能力产生错误的幻觉，使得他们更加自大。"他们解释说，"当人们对某一个预期或评估获得更多的信息，他们对预期的正确性的自信心的增速（这一点很重要）比预期的准确性要快得多。"他们说，信息过载会导致知识幻觉。

另一个担忧是，有了互联网，投资者现在可以实时查询股票的状态。过去，投资者可能只能1天或1星期查询一次股票价格。现在有了线上交易，投资者只用看一下电脑或在街头看一眼智能手机，就可以监控他们的投资组合。

我们再回想一下泰勒和贝纳茨关于"短视性损失趋避"的研究。他们发现每个小时计算一次股票表现会增加投资者的负面效应。对于那些每分钟都计算投资组合价值的人，我能想象到的就是短视性损失趋避。

∷∷∷

投资专家花了很多力气帮助投资者精确计算他们的风险容忍度。本来应该给出恰当资产配置意见的咨询师就看着他们的客户在股市上升的时候冒进地买入股票，又在股市下跌的时候卖出股票买入债券。这种在冒进和保守之间的进进出出，让很多人重新思考如何研究风险容忍度。

传统计算风险容忍度的方法简单而直接。通过一系列的会面和问卷，咨询师会询问顾客在不同场景下对投资组合的看法。比如说，如果将一半的资产买入股票，股市下跌了20%，而你的资产短暂减少了10%时，你会做何感想？然后他们又会给出另外一个场景，再另外一个。这种问卷的原理在于，通过研究不同的市场表现和资产配置，我们可以建立一个与客户的风险容忍度相匹配的投资组合。这种方法的问题是，无论问及多少不同的场景，对客户风险容忍度的估计，很有可能是错误的。

为什么会这样？著名的社会心理学家迪安·G. 普鲁伊特（Dean G. Pruitt）认为，投资者的行为可以被称为"沃尔特·米蒂效应"。[10]

沃尔特·米蒂（Walter Mitty）是詹姆斯·瑟伯（James Thurber）杰出的短篇小说《沃尔特·米蒂的秘密生活》中的故事人物。这篇小说在1939年发表于《纽约客》杂志，并于1947年被改编成由丹尼·凯（Danny Kaye）主演的电影。沃尔特·米蒂是他傲慢的妻子的恐吓之下的温顺的绵羊。对此他的对抗方式是做白日梦，想象自己成了充满勇气的英雄。

上一分钟他还畏惧于妻子的毒舌;下一分钟他就成了一名无畏的轰炸机机长,独自执行一项危险的行动。

普鲁伊特认为投资者面对股市时的反应,与沃尔特·米蒂面对人生的反应一样。当市场走好时,他们在自己的眼中变得勇敢,同时渴望承担更多的风险。但如果股市下跌,他们慌忙夺门而出。所以当你直接让投资者解释他们的风险容忍度时,他们给出的答案可能是无畏的轰炸机机长(牛市)或一个唯唯诺诺的丈夫(熊市)。

我们如何才能克服沃尔特·米蒂效应?不妨试试找到间接衡量风险容忍度的方法。你要思考那些标准问题的内涵,调查其中的心理学基础。

在与维拉诺瓦大学的贾斯廷·格林(Justin Green)博士的合作过程中,我开发出了一种侧重于个体性格而非直接问问题的风险分析工具。我们找出了一些重要的人口统计学因子和性格方向,可以帮助人们更精确地计算他们的风险容忍度。

我们发现,恰当的风险与两个人口统计学因素相关:年龄和性别。老年人比年轻人更谨慎,女人比男人更谨慎。个人的财富并不在其中,钱多钱少看上去并不影响一个人的风险容忍度。

另外两种性格因素也很重要:个人控制力和成就动机。第一个因素是指一个人控制周围环境和决定人生的能力。那些认为自己拥有控制力的人被称为"坚定者"。相反,"飘荡者"认为他们的控制力很弱;他们认为自己就像浮萍一样飘荡。根据我们的研究,承担高风险的人大部分可以被划分为坚定者。另一个性格成就动机,描述的是人们目标明确的程度。我们发现愿意承担风险的人也是目标明确的人,尽管孤注一掷可能会带来很大的失望。[11]

而了解自己的风险可适度比单纯地测量个人控制力和成就动机要复杂多了。想要解密个人性格与风险承受力之间的关系,你需要了解你是如何看待风险环境的。[12] 你认为股市是①一个只凭运气定输赢的游戏,还是②一项基于精确的信息和理性的选择而获得成功的事业?

心理学研究清楚地说明"一个人认为他的决策结果是由能力或他们选择的风险来决定的"。[13] 大体上,当人们认识到所获得的回馈取决于个人技能的时候,他们会逐渐转向选择承担高风险。如果人们认为结果由机会决定,他们会做出更加保守的选择。

这里,我们分析了个人性格因素如何协作。假设年龄和性别相同,我们可以通过三个性格特征判断投资者的风险容忍度:目标,个人认为自己控制周围环境和结果的水平以及最重要的一点,是否将股市看作一个在足够多的信息和理性的选择之下会获得盈利的偶然困境。

心理学家告诉我们,人们理解概念或复杂思想的能力,取决于大脑分析某种情况的工作模式。这些思维模式在面对一个真实或假设的事件时的处理方式,就像建筑师的大厦模型,或者一个拼凑起来的可以代表复杂的原子结构的五颜六色的小玩意一样。[14] 比如说,如果想要了解通货膨胀,思维模型告诉我们通货膨胀意味着——要承受更高的油价或食物价格,也有可能是为我们的员工支付更高的工资。

第一个提出这一概念的是苏格兰心理学家肯尼思·克雷克(Kenneth Craik)。在精炼但非凡的著作《解释的本质》(The Nature of Explanation, 1943, 1952)中,克雷克写道,人类是信息处理者,人们通过已知的信息建立思维模型,对事件做出预期。根据思维里的"小型外在事物的模型和可能的应对行为",我们可以"应对不同的情况,找出最佳的方案,在情况还没有出现之前采取行动,利用过去经历的知识应对现在和未来的事情,用更加饱满、安全和可以胜任的方式面对突发状况。"[15] 克雷克说,心理学的伟大探索就是发现个体如何建立这些思维模式的。

可惜的是,克雷克在31岁的时候因为一场自行车交通事故而殒命。之后绝大部分思维模式的研究,由普林斯顿大学心理学教授菲利普·N. 约翰逊－莱尔德（Philip N. Johnson-Laird）主导。在《思维模型》(Mental Models，1983)一书中，他通过一系列可控实验来观察人们如何形成思维模型，约翰逊－莱尔德发现人类的思考有一些系统性的错误。

　　首先，我们假设每一种模型出现的概率都是相同的。也就是说，在一系列的思维模型中，我们更有可能平等地对待思维模型，而非针对每一种思维模型采取不同的方式。也就是说人类没有主观的形成贝叶斯推理。[一] 约翰逊－莱尔德发现，当人们在面对特定情况而形成一系列的思维模型时，通常会将重点放在其中的几个或一个模型上；显然只依靠有限的思维模型会导致错误的结论。我们从约翰逊－莱尔德的研究中还知道，思维模型通常会提示什么是正确的，而非什么是错误的。我们发现，构建一个什么是通货膨胀的模型，比构建一个什么不是通货膨胀的模型要简单。

　　进一步的研究表明，我们使用的模型常常有漏洞。我们在面对试图解释的情况时，会建立一个不完整的模型。就算有时候很精确，我们也无法正确地运用。我们倾向于忘记模

[一] 由英国牧师贝叶斯发现的一种归纳推理方法。贝叶斯推理是在经典的统计归纳推理——估计和假设检验的基础上发展起来的一种新的推理方法。与经典的统计归纳推理方法相比，贝叶斯推理在得出结论时不仅要根据当前所观察到的样本信息，而且还要考虑到推理者过去有关的经验和知识。——译者注

型的细节，尤其是时间久了，模型会变得不稳定。最终，人们悲哀地构建出基于迷信和无根据的思维模型。

因为思维模型让我们理解基本的思想，好的模型对投资者来说尤其重要，一些人在思考控制市场和经济的背后原理的基本概念。又因为思维模型决定了人类的行为，那些信息不足而形成粗糙的思维模型会导致差劲的投资也就不足为奇了。

■ ■ ■

是什么让人们接受和回应有疑义的信息？比如说，很明显没有人能够预测股市在短期的走向，投资者为何还沉迷于股市预测？聪明的投资者应该停止听信股市评论者对股市的预测，有人甚至基于那些预测做投资决策。是什么让这些人如此没有判断力？迈克尔·舍默（Michael Shermer）在他的著作《我们如何相信》（*How We Believe*，2000）[16]一书中给出的答案是：信任体系的力量。

我们首先假设，通常心理学家也接受，人类是模式化思维的动物。本质上，我们动物性的生存能力便基于此。舍默写道，"那些善于发现模式（逆风的方向不利于狩猎，牛粪对农作物有益）的人拥有更多的后代，（同时）我们就是他们的后代"。通过进化的力量，我们将用模式化思维来解释我们的世界，而这些模式形成了人类信仰体系的基础，即它们是固有的。

舍默说如果回到中古世纪，我们会非常感谢信仰体系的作用。那时候90%的人都是文盲。我们现在了解的那个时代关于科学的信息，是由很少的一些知识分子留下来的。其他所有人都用法术、巫术和妖怪来解释他们的世界。瘟疫是因为星象和行星的错位导致的。儿童的死亡往往归责于住在洞穴中的吸血鬼或食尸鬼。一个人若在晚上见到流星或听到狼叫，就会在第二天的早晨死去。

牛顿学说的革命和不断普及的教学减少了古怪的迷信。化学替代了炼金术。帕斯卡的数学解释了坏运气。公共卫生减少了死亡率，而不断进步的医学则延长了寿命。我们可以说，科学时代致力于减少思维的错误和不理性的想法。不过舍默认为，科学还没有完全消灭迷信。很多运动员用奇怪的仪式来保持成功的势头。彩票玩家通过占星术上的标记玩彩票。很多人忌讳数字13，无数人因为担心可怕的结果而拒绝撕毁连锁信，迷信侵蚀了所有人。迷信在侵蚀的时候从不会去考虑对象的教育程度、智力、种族、宗教又或是国别。

舍默说，我们没有生活在史前时代，但我们的大脑是在那个时候形成的，大脑的功能大部分是随着人类历史进化而来的。我们仍然屈服于迷信，是因为作为一个模式化思维的动物，我们需要解释那些无法解释的事物。我们不相信混乱和无序，所以我们需要答案，即使答案不是通过理性的思考，而是通过想象得到的。那些能够被科学解释的，就用科学解释，剩下的交给了想象。

在《被信任控制的大脑》(The Believing Brain，2011)中，舍默告诉大家，人类的迷信源于欺骗模式。就此而言，信仰优先于推理。人类的大脑是一个信仰机器，通常会寻求模式化思维，而这非常有意义。我们会收集那些与信仰一致的信息，而忽略与信仰相反的信息。舍默将其称为"基于信仰的事实"。我们对"眼见为实"耳熟能详；但舍默说，人们的信仰也在支配着每日的所见所闻。

在理解舍默关于想象和信仰机器的论述后，我明白了股市预测的吸引力是有原因的。人类经过长时间的进化，在面对不确定因素时会产生强烈的不安全感与紧张感，因此我们愿意去相信那些可以消除紧张感的花言巧语。尽管在理性的一面，我们知道明天或下个星期的市场无法预测，我们还是相信评论员们能够预测，因为那些未知的因素太让人不安了。

还记得在这一章的开头提到，心理学的研究分为两个大的方向：情绪和认知。而心理学和投资覆盖了这两个方面，有时候是同时覆盖。基于这种情况，我们分别研究了这两个方面的心理学和它们对投资的影响。接着，本杰明·格雷厄姆让大家知道，我们如何在投资和投机之间的认知上有严重的错误；他还对情绪所产生的投资失误做出警告。在行为金融学中，我们检视了人类在处理钱财时的天性弱点。我们努力了解自己的风险舒适度。我们明白了思维模式如何帮助我们提取要点，而不可靠的模型又是如何产生差劲的投资回报。最后，我们回顾了人类倾向于寻找一个模式来解释世界，即使这些并不是基于真实的信息，而是被信仰控制的大脑的想象。

我们现在需要对这些术语进行一次完整讨论，用线性方式，不过我们也知道，实际上事情间的联系没那么紧密。没有什么比大脑更复杂，没有什么比人类的行为更令人费解。我们认为自己在投资，但其实一直在投机。我们有一套详细理财计划，但只要读一篇杂志文章，我们就能放弃整个计划，跟风别人。我们对某一只股票进行了严谨而持续的研究，但又听从那些所谓的市场预测者的建议。而这些事情都是同时进行的。在这个嘈杂的环境下，有太多流言，未经计算的数据，真实的信息周围都是错误的信息，也就是非常专业的投资者费希尔·布莱克所说的"噪声"。

在进入高盛之前，布莱克是芝加哥大学和麻省理工学院的金融学教授。他最为人所知是与迈伦·斯科尔斯、罗伯特·默顿一起开发了期权定价模型，但给我留下最深刻印象的是他发表于1986年美国金融协会的主席报告。这篇报告的标题很简单——"噪声"，这位广受尊敬的院士毫无畏惧地表达了与他的学术界同事不同的观点，并质疑了被普遍接受的理性股价的理论。不同于纯粹信息导致理性股价，布莱克认为市场中听到的绝大部分信息是噪声，产生的唯一结果就是混乱。投资者的混乱，让噪声更上一层楼。布莱克说："噪声，让我们的观察变得不完美。"[17] 他解释道，系统中的噪声产生的效果，使得依靠价格决定经济决策的制造商和消费者缺乏信息。

有没有可以解决市场噪声的方案？我们可以区分噪声价格和真实价格吗？答案是在了解你的投资的经济学基础之后，你可以正确地观察出股票价格与公司的内在价值之间的差别。这也是本杰明·格雷厄姆和沃伦·巴菲特的谆谆教诲。但通常，根深蒂固的心理因素压制了这一被广泛接受的忠告。说忽略市场的噪声很简单，但又有其他事情掌控着心理对噪声的反应。投资者需要的是有一个可以减少噪声的过程，使之更容易做出理性的判断。这个过程正是——信息的精确交流。

※ ※ ※

1948年7月，数学家克劳德·E. 香农（Claude E. Shannon）在《贝尔系统技术期刊》（*The Bell Systems Technical Journal*）上发表了著名的"交流的数学理论"。他在文章中写道，"交流的基础问题在于，信息的再造在某一点可能是精确的，而在另一点可能只是大概的信息"。[18] 换句话说，交流理论更多的是获取精确的、完整的、从A到B的信息。这在工程学上和心理学上都是一种挑战。

一个交流系统包括5个方面。

（1）信息源，制造单个或一系列的信息。

（2）发送器，处理信息，制造一种可以在传输通道上传输的信号。

（3）传输通道，将信号从发送器传到接收器的媒介。

（4）接收器，重新构建信息（发送器的反向机器）。

（5）目的地，信息的接受者。

投资的交流系统是什么？我们的信息源是股市或经济体；

它们在持续地制造信息或信息流。信息的发送器包括作家、记者、公司管理层、经纪人、资产管理人、分析师和其他任何可以让信息传输的人：出租车司机、医生或隔壁的邻居。而传输工具可以是电视、收音机、报纸、杂志、期刊、互联网、分析师的报告和所有类型的非正式交流。接收器是个体的大脑，是信息处理和再造的地方。而信息的最终目的地是接收再造信息，并依此行动的投资者。

香农说信息在制造之后，到达终点之前，在几个点上会出现衰减。他警告说，最大的危险源于系统的噪声，不论是传输通道、发送器还是接收器出现的噪声。我们不应该自主地假设在信息到达传输通道之前，发送器能够从信息源（市场）正确地收集信息。类似地，接收器也有可能错误地处理信息，使得信息在最终目的地出现错误。我们还知道同一条传输通道上多条信息的脉冲会造成噪声。

为了克服交流系统中的噪声，香农推荐了一种放在接收器和目的地的"修正装置"。这种修正装置从接收终端获取信息后将噪声消除，重组信息后将正确的信息发送到目的地。

香农的修正装置，对投资者处理信息的过程来说，是一个很好的比喻。我们必须在自己的信息传输通道上放置一个修正装置。而这种修正装置的第一个功能，是保持信息从信息源发出后的完整性。这个装置先过滤掉不正确的信息源，重新整合被扭曲的信息。这项工作由我们自己控制。做这项工作意味着要提高我们整合、分析信息，以及进一步理解信息的能力。

纠正装置的另一个功能面向接收终端，负责检测信息是不是被恰当而精确地接收，没有受到心理偏见的影响。这个过程仍然是我们来控制的，但它很有挑战性。我们必须清醒面对那些可能干扰好的投资决策的情绪失误和思考失误（这章前面的内容有提到），同时我们必须不断提防心理上的失误。

■ ■ ■

提出思维模式概念的查理·芒格，用很多时间思考人们如何从不同的领域收集信息，从而获得通识智慧。他说，在投资时我们需要理解基础的会计学和金融学。在本书的数学那一章我们也可以看到，了解统计学和概率也很重要。但查理认为最重要的部分是心理学，尤其是他所说的误判心理学。

查理提醒我们要战胜思维捷径。他认为人们太容易得出一个结论了，人们容易被误导、被操控。"就个人来说，我曾经也是如此，所以现在我通过两种方法来分析。"查理说，

"第一点，真正控制利益的因素有哪些，我是否理性地思考过？第二点，什么是自动控制这些事物的潜意识的影响——潜意识影响很有用，但常常会出现故障。"[19]通过自己的方法，查理构建出克劳德·香农建议的个人"修正装置"。

心理学研究什么在主导我们的行为，这一话题有着无穷的魅力。我非常着迷于它在投资——这种充满各种冰冷的数字的领域里，扮演着如此重要的角色。在做投资决策时，我们的行为有时是错误的，有时是矛盾的，有时是愚蠢的。有时我们不合逻辑的决定会一直重复，有时还没有模式可以辨别。有时候我们因为无法说明的原因做了正确决定，又因为没有好的理由而做出错误决定。

所有投资者都应该记住的是，大部分人通常不能认识到自己的错误决定。为了完整地了解市场和投资，我们现在知道必须了解我们的不理性。误判心理学的研究同资产负债表的详细研究同样重要，可能还更重要一点。

第6章
哲 学

在本书涉及的所有领域里，哲学是最简单也最复杂的一个领域。说它最简单，是因为每个人每天都能感知到哲学的影响，这世上的每个人，都要与应该考虑的事情之间，维持一种平衡：大脑、心、灵魂。

同时哲学也是最复杂的概念：它要求我们思考。不同于科学，哲学不是要寻找绝对的答案。打个比方，虽然很多人觉得量子力学非常难理解，但如果我们能够掌握基本原理，除非将来有新的发现，否则我们可以确信自己知道量子的本质。同样，在了解了自然选择和基因概念之后，我们也知道了进化的本质。但哲学没有这样的绝对性。哲学的真实具有个体性，只存在于那些致力于哲学研究的人的身上。

这也不是说我们无法学习哲学。学习这个世界上最伟大的哲学是理解我们的信仰的最好方法——有人也会说是唯一的途径。但从本质上来说，哲学无法从一个人的思想转到另外一个人的思想中。不知道是谁先说起的，哲学的一个原则，就是只有在我们的理解、经历和信仰的认知筛选器过滤过后，我们才能感知到哲学的存在。

∷ ∷ ∷

哲学这个词源于希腊语，包含有"热爱"和"智慧"的意思。一个哲学家就是一个热爱智慧，并致力于寻找智慧的意义的人。而追求智慧是一种积极且永无止境的挖掘过程。真正的哲学家充满了对知识的永无止境的热忱追求。

从某种意义上来说哲学始于最早的人类生活状态——史前时代的人们为了生存而进行斗争的时候。不过作为一个学科领域，我们可以确信，哲学在西方最晚开始于公元前600年，那时古希腊的一些认真的人，开始通过宗教以外的思路来思考宇宙。在2 600年里，哲学界出现了成百上千的、有名气或没名气的、持有不同观点的哲学家。《牛津哲学指南》（The Oxford Companiont to philosophy）一书用1 000多页的篇幅，系统罗列出了各个哲学家及其理论和观点。在本书里，我们不再复述《牛津哲学指南》的所有内容，只摘选对我们来说最重要的部分。

简单来说，哲学可以分为三个主要的方向。第一个方向是，将严谨的思考运用于自然界的形而上学。我们知道，物理学是研究物理世界、有形物质和自然作用力的学科。它研究桌子椅子和这些物质的原子组成，斜面和自由落体以及控制太阳月亮的运动法则。形而上学（metaphysics）是"超越物理"（beyond physics）的意思。当哲学家讨论形而上学的问题时，他们讨论的是独立于我们身处时空之外的思想，比如说上帝或来生的概念。不同于桌子椅子这些实体物质，这些抽象概念与我们生活的世界是分开的。讨论形而上学问题的哲学家，承认我们所处的世界的存在性，但他们不认可自然的本质以及世界的意义。

哲学研究的第二个方向探究美学、伦理学和政治哲学这三个相关领域。美学是关于美的概念。研究美学的哲学家试着明确人类对美的定义，美是存在于人们所观察的事物中，还是存在于人的心中。这种美学的研究并不局限于肤浅的表面，对美的审视影响着我们对好恶的评价。伦理是关于对或错的哲学研究。它在讨论什么是道德的，什么是不道德的，什么行为是恰当的，什么行为是不恰当的。伦理学研究人类的行为活动、判断、价值观以及希望扮演的角色。与伦理密切相关的是政治哲学。伦理学调查的是社会层面的对或错，而政治哲学则探讨社会应该如何组织、法律应该如何实施以及人们与这些社会组织应该如何共处。

哲学的第三个方向——认知学试图了解知识的局限性及其本质。认知学（epistemology）这个词源于希腊语的"知识"（epiteme）和"论述"（logos），以及广泛意义上的研究或调查。认知学就是研究知识的理论。简单来说，当我们在运用认知学的时候，我们在思考思考这件事。

哲学家在思考知识时，他们试图明白什么事情是可知的，知识（相对于信仰来说）是由什么构成的，知识如何被接受

(天生的还是后天习得的),以及我们为何可以说自己知道某件事。他们还需要考虑我们从不同的事情上获得什么知识。比如,我们已经知道物理学知识不同于生物学知识,不同于社会学知识,也不同于心理学知识。

哲学的这些分支就这样深入触及人类日常生活。我们对社会都有自己的看法,也可能抱有一些超出社会的思想。因此,形而上学用对整个社会的思考,替代了那些不可争辩的用理性组成的研究假设。同样地,每个人也都有自己对于美和丑、对与错、正义和非正义的见解。对于这些事情,美学、伦理学和政治哲学提供了一个研究个人与社会都应该遵从的规则和原则系统。最后,我们都必须在某些方面表达各自的疑问和反思我们的思考方式。对于这些问题,认知学试图厘清我们的信仰如何形成,消除思考的错误所产生的困惑。

毫无疑问,哲学的这三大方向都值得聪明的人类去研究。但在这一章我们将重点研究认知学。虽然有些人可能说,具有社会特性的投资与美学、伦理和政治哲学非常相关,但在这里我不愿去探讨某一个公司的对错。我也不想去讨论投资和信仰之间的联系。虽然这些课题很重要,我认为这些还是留给别人来做吧。不过我对认知学的问题非常感兴趣。我想知道思考的模式形成的步骤,以及优秀的思考技巧如何获得。

思考不仅仅是获取知识，思考的过程可能很差劲，也有可能很好。学习正确的思考，可以让我们避免困惑、噪声和歧义。这样我们不仅对可能发生的事件有更清醒的认识，也会更有能力进行有理有据的辩论。我们如何理解投资，最终会指导我们进行投资。如果我们能够有意识地获取认知性的思维方式，时刻关注思维过程是否严谨，我们的投资回报将会更上一层楼。

::: ::: :::

本书的一条主线是市场是一个复杂适应系统，⊖ 表现出了适应性系统的所有特征。到目前为止，我们对复杂适应系统的研究正在非常科学的道路上行走。我们从物理学家、生物学家、社会学家和心理学家的角度来研究市场的行为。在以上的学科里，我们试图寻找复杂的本质，你可能认为哲学的贡献会很少。但波士顿大学哲学及科学历史学中心的教授李・麦金太尔（Lee McIntyre）并不这么认为。他认为哲学是理解复杂系统的重要方法，任何关于复杂系统的研究都含有哲学原理。[1]

⊖ 复杂适应系统（complex adaptive systems，CAS），是20世纪末兴起的前沿科学领域。对复杂适应系统的定义也是"复杂"的，至今尚无统一的公认定义。——译者注

麦金太尔提出的第一个问题是，对复杂适应系统的研究，本质上是可认知的还是本体的。本体论就是形而上学的一个分支。本体论问题是有关存在的问题，比如说：现实的本质是什么？现实的本质可能如此复杂，以至于人类永远不能完全理解它。如果真是这样，人类无法完全理解就是一个本体论的问题。但人类无法完全理解现实，也有可能是因为我们的知识匮乏，而这又是一个认知论的问题。本体性的局限源于事件的本质；而认知性的局限源于理解的局限。

那些科学的谜团是因为事情的本质就是如此，还是因为我们对这个世界的认识有局限？对于每一个新科学的探索，科学家都要面临一些基本问题：世界本身是无法认识的，还存在着很多没有被发现的定理。复杂适应系统的研究面临着这样的问题。我们知道这些系统是非线性的，无法用传统的线性方法来研究。我们也知道这些系统的突变性特点，在系统被简化或切割成一个个独立的部分时会消失，因此简化的研究方法也无用武之地。复杂适应系统必须在考虑其整体的水平上才能被研究。麦金太尔解释道："因此，复杂理论的内在思想是，虽然有些系统是有序的，但我们对一些系统的理解仍然是有局限的，因为我们只能在复杂的系统上才能研究这些有序"。[2]

造成理解局限的真正原因是什么呢？复杂适应系统真的无

法解释（本体论），还是无法解释只是因为人类的认知局限（认知论）？这个问题是一个基本的哲学问题，350年前的哲学家就这样问了。在牛顿发表天体运动定律（认知论）之前，自然和天体的运行被认为是被预设而无法解释的（本体论）。

麦金太尔认为复杂适应系统并非无法理解，只是碍于我们眼下的理解能力有限。他说："一旦有人接受复杂系统只是描述的复杂而已，就会出现其他可能的定义（一些新的定义）用简单、科学的方法来描述。如果复杂系统是有序的，且这些复杂性可以被重新定义出来，那么不就是有些定义可以体现其有序性，而其他的定义不能体现吗？"[3]因此麦金太尔告诉人们，复杂性并不是世界的自然本质，而是我们思考方式的一个分支。用诗人亚历山大·波普（Alexander Pope）的话来说就是，无序就是对有序的误解。

麦金太尔指出表面的无序其实内在并不混乱，这也向科学家指明，应该寻找不同的解释，寻找深藏在表面之下的真正原因。如果我们停下来思考1分钟，就会看到科学研究的本质：找到新的方法来描述观察到的情形。

然而，重新解释并不只限于科学领域。它也是非科学家在理解时的重要工具。如果事情仍然像迷雾一般，我们的工作就变成重新思考已有的解释，并给出新的解释。我们这样来看，重新解释是可以解开理解中的死结的有力工具。比如，我坚定地认为，人们很难理解市场的一个原因是，我们被市场表现的均衡理论限制住了。要获得更高层次的见解，我们要开放性地接受新的定义，系统的表现是复杂的，不论是金融市场、社会和政治系统，还是物理世界。

不过，不要认为我在鼓励一种自由主义。科学家的目标是用不违背自然本性的术语来解释自然。投资者的目标是用符合市场基本原理的术语来解释市场本身。我们不能将各种表面的解释放在一起，然后给出一个看似合理的解释。我们不能杜撰一个子虚乌有的规则。自然和市场绝非那么简明易懂。那些看似天然的联系很快会烟消云散。

■ ■ ■ ■

"错误的解释源于错误的描述！"

这个声音如此响亮，响彻整个房间。这句话的意思十分明确，振聋发聩，让有些人愤怒沮丧，有些人惊讶地坐在椅子上一动不动。嘉宾们都静下来。过了一会儿，有人开始向四周张望，想知道是谁发出了这样的声音——是贝努瓦·曼德勃罗（Benoit Mandelbrot）。

那天晚上的主题很大：股市是有效的还是无效的？这是圣达菲研究所为期3天的讲座"在均衡和有效之外"的一部

分,这个讲座由研究所的教授多因·法默,和耶鲁考尔斯基金会约翰·吉纳科普洛斯(John Geanakoplos)教授主办。参会人员有物理学家、经济学家、数学家、金融学教授和基金经理人,这其中有全世界最出色的投资人。

与会者包括:罗伯特·希勒(耶鲁大学)、弗兰科·莫迪利亚尼(麻省理工学院)、理查德·泰勒(芝加哥大学)、理查德·罗尔(加州大学洛杉矶分校)、斯蒂夫·罗斯(麻省理工学院)、迈克尔·莫布辛(瑞士信贷/美盛基金资本管理)、桑迪·格罗斯曼(普林斯顿/宾夕法尼亚/定量金融策略)、比尔·米勒(美盛基金资本管理公司)、布赖恩·亚瑟(斯坦福大学)、默里·盖尔曼(1969年诺贝尔物理学奖获得者),当然还有曼德勃罗本人。

贝努瓦·曼德勃罗(1924—2010)是一位特立独行的数学家。在75岁的时候他去了耶鲁大学,成为耶鲁大学最年长的终身教授,而在这之前的35年,他一直在IBM的沃森实验室工作。他一生之中获得了超过15个荣誉博士头衔。曼德勃罗开创了分形几何(他创造的词汇)领域,并将其运用到物理学、生物学和金融学。分形是一个粗糙或零碎的几何形状,可以分成数个部分,且每一部分都是整体缩小后的形状。它有一个特性是自相似性。㊀

㊀ 自相似性是指复杂系统的总体与部分,这部分与那部分之间的精细结构或性质所具有的相似性,或者说从整体中取出的局部(局域)能够体现整体的基本特征。——译者注

现在你可能会想:"如果一个分形没有出现在我的脑海中,我不会知道它的存在。"令人吃惊的是,分形很容易在自然界中发现;分形就在我们周围,我们每天都能见到,比如云朵、山峰、树、蕨类植物、河道和花椰菜。这些事物的递归性很明显。树枝或蕨类的复叶都是树或蕨类的缩略图。在体内,我们发现血管和肺毛细管也是分形系统。在 30 000 英尺①的高空,我们可以看到海岸线是自然的一种分形,只是它很难测量。对分形感兴趣的人,可以看看曼德勃罗的《自然的分形几何学》(The Fractal Geometry of Nature,1982),这本书被认为是将分形纳入数学的重要著作。

我对曼德勃罗感兴趣不是因为严谨的数学分形(当然这一点让人印象非常深刻),而是他对自然的连续性的认识,同我们所有人一样,但又有点不同。"云朵不是圆形的,山峰不是圆锥状的,海岸线不是环状的,树皮不是平滑的,光线不是按直线传播的",[4] 因为他描述的云朵和光线与我们了解的不同,他的解释也就不奇怪了。现在我们感激他在午夜的宣言:"错误的解释源于错误的描述。"

解释对投资来说很重要吗?当然重要。但我们对解释的研究不会将我们带入数学的领域;这部分以后再说。现在,我们会在哲学的框架之下,学习可能是 20 世纪最杰出的哲学

---

① 1 英尺 =0.304 8 米。

家的观点。伯特兰·拉塞尔称这个人为"我所知道的传统设想中最完美的天才:激情、博学、严谨、专断"。[5]

⁂

路德维希·约瑟夫·约翰·维根斯坦(Ludwig Josef Johann Wittgenstein,1889—1951)是奥地利的哲学家,主要研究逻辑、数学哲学、思考的哲学和语言哲学。他被认为是一个深刻的思考者和非凡的作家,让人吃惊的是,他只发表过一篇读书报告、一篇文章、一部儿童字典和一本非常简短的书——只有75页的《逻辑哲学论》(*Tractatus Logico-Philosphicus*,1921)。

维根斯坦在第一次世界大战的前线当军官的时候,开始整理《逻辑哲学论》,并在1918年8月成书。这本野心勃勃的书希望定义语言和现实之间的关系。在前半段学术生涯里,以《逻辑哲学论》为标志,维根斯坦主要关注命题(也就是真实的官方术语)和他观察到的世界之间的逻辑关系,他认为如果他能够找到这个关系中的逻辑,那么他将能够解决所有的哲学问题。

在思考出现大逆转之后,维根斯坦在生命的最后22年都用来怀疑他在《逻辑哲学论》中的结论。"我被动地意识到,我在第一本书中出现的重大错误。"他承认道。从这之后,维根斯坦开始只用评论的方式写下自己的思想——一些简短的句子。他的思想不停地转换:"意义、理解、命题、逻辑、数学的基础、意识的状态和其他事情的概念。"他说他刚开始想"将(自己的)思想连成一个整体",但发现这样下去自己不会成功。"如果我不遵从发散的本性,将思维集中于一个单一方向,我将无法思考。研究的本性让我们从相互交错的方向思考整个领域。"

尽管没有再发表新的著作,维根斯坦的评论在他过世后被整理收录于《哲学研究》(*Philosophical Investigations*,1953)。[6] 很多有思想的学者认为这本书是 20 世纪最重要的书之一,因"交叉学科的杰作、跨越了不同的专业和哲学方向"而著称。[7]

维根斯坦渐渐相信,词语的意义是由语言所行使的功能建构的。不同于那些认为我们所观察到的现象,世界存在一些无所不包的、分离的逻辑的思想,维根斯坦往回走了一步,认为人类所见的世界由人类选择的词语定义并赋予意义。简单来说,我们怎么看世界,世界就是怎样。

为了让我们更容易地理解这种新哲学的真实运作方式,维根斯坦画了一个非常简单的三角形图案。

他写道"用三角形做一个例子。这个三角形可以看作孔状的、实心的、几何学的、底座接地的、悬挂;像一座山峰、一个楔子、一支箭或一个指针、一个被倾覆的物体(用右角的短边接地)、平行四边形的一半,以及其他的各种事物……无论你设想它是什么,或将它看成什么,你都会从中看到你所想事物的影像"。他通过这种激发式的、甚至是一种诗意的方法,描述被我们选择的词语所定义的现实。词语给现实赋予了意义。[8]

而这与投资有什么关系呢?我们将会看到,股票与维根斯坦的三角形理论有很多共同点。

∷ ∷ ∷

1997年5与15日,Amazon.com(亚马逊网站)上市了。[9]上市募集价是每股18美元。按第1天的收盘价23美元计算——第1天的回报率是28%。到科技泡沫中期的1999年12月,股价达到每股100美元。一些分析师信心十足地预测亚马逊的股价将达到300美元。

亚马逊由杰夫·贝索斯(Jeff Bezos)创立于1994年。一年以后,亚马逊成为互联网的网上书店。在经历了科技泡沫和崩溃之后,很多互联网公司因为跟不上节奏而很快消失。

但亚马逊的情况不一样。当互联网新贵大本营的纳斯达克指数在 2002 年 10 月 9 日跌到谷底时，也就是从 1999 年的最高点跌去 78% 时，亚马逊仍然活着。

你可能会认为投资者应该恭喜亚马逊在科技泡沫中死里逃生。但很快分析师又说亚马逊的价格仍然被高估了。他们说，虽然公司逃过了断头台，但它的时日无多了。2002 年底，亚马逊的股票被换手了 900%，财务公告显示公司当年的损失达到 240 万美元。

看跌的人认为，作为一家书籍零售商，亚马逊的估值远远高于一般的实体书店。就算亚马逊将营业范围扩展到 DVD、CD、电脑软件、游戏、电子商品、装饰品、玩具和食物，与实体店比较的说法仍然存在。看跌的人先将亚马逊与巴诺书店做比较，接着又将它与沃尔玛做比较。在这两种比较中，亚马逊的市盈率和现金流比都比传统的零售商高多了。

与此相对，看涨亚马逊的人看到的是该公司的一些非同寻常之处。对他们来说，亚马逊不是巴诺书店或沃尔玛，而更类似于戴尔公司。刚开始，看跌的人被这种类比吓到了。戴尔公司是个人电脑的直接分销商和制造商，是 20 世纪 90 年代股价表现最好的公司之一。1995～1999 年，相对于标普 500 指数上涨 250% 来说，戴尔的股价上涨了 7 860%。看跌的人很快指责看涨的人居然将亚马逊与一个众所周知的赢家绑定在一起。

如果站远一点观察亚马逊，其商业模式确实更像戴尔而非沃尔玛。戴尔组装、运送个人电脑到美国各个不同的销售点，网上订购电脑减少了大部分的销售成本。亚马逊和戴尔一样，在网上销售。同样的也是从它们的分销中心运送货物到顾客手中，省略了昂贵的实体零售中心。这样的销售模式让两家公司的运营成本大大降低（他们在没有向供应商或制造商付钱的时候就从顾客那里收钱了），而且两家公司的资本回报率都高于100%。

将亚马逊和沃尔玛做比较有意义吗？它们确实是销售同样的商品给顾客，但相似点也仅仅是这一点。沃尔玛拥有9 500家实体店，210万名雇员，每个雇员能够产生20万美元的销售额。而亚马逊有69个分销中心，5.1万名员工，每个员工产生的销售额高达95万美元。

这里要特别指出：沃尔玛将来5年的销售年增长率预计是9%，而亚马逊的这一比率是28%。

"网络星期一"，也就是感恩节之后的星期一，美国网上零售商在这一天通过促销来吸引假日购物者，现在是每年销售额最高的购物日。"网络星期一"的在线交易规模，也完全压倒了实体零售店在前三天主办的"黑色星期五"促销活动。[10]

所以亚马逊应该被类比为巴诺书店、沃尔玛还是戴尔呢?

曼德勃罗是对的,错误的解释源于错误的描述。

维根斯坦重现。

::::

人类选择的词语赋予观察到的事物意义(描述)。为了进一步解释或捍卫自己的描述,人类会创造一个自己认为是真实的故事。说一个故事没什么错误可言。实际上,这是传播信息的有效方法。如果停下来思考一下,你会发现我们与人交流就是基于一系列的故事。这些故事不受限制,是形而上学的而非固定的。在第 1 章中拉考夫和约翰逊(《身边的比喻》)就告诫我们,人类思考和行动本质上是用比喻进行的。

今天,科学家和哲学家用"叙事"代替了"说故事"。其实"叙事"已经成了主流。哲学家、医生、科学家将"叙述知识"作为"用认知、象征、有效的方法来理解故事的意义和重要性"的工具。[11] 记者和政治家也是如此。在选举期间,我们交流候选人的"陈述"或讨论候选人应该"改变他们的陈述"。而投资者也用到陈述。在经济复苏以及之后的金融危机都有叙述。同样也有关于金融危机争论中通货膨胀和超印钞票的叙述，也有关于过去多年积累的超额债券水平将需要很多年来偿还，并导致价格和福利下降的通货紧缩的衰退故事。

虽然每个人都会用到叙述，但作为交流工具的叙述知识是挑剔的。其实讲故事的人与统计学家之间的关系很紧张。1959年5月7日，英国的物理学家和小说家C. P. 斯诺（1905—1980）发表了一篇名为"两种文化"（The Two Cultures，后来以《两种文化和科学革命》（*The Two Cultures and the Scientific Revolution*）之名出版）的文章。斯诺认为"两种文化"之间的交流障碍（人文学家和科学家）是解决很多世界问题的障碍所在。他认为教育的质量在下降，因为科学家忽视了伟大的文学，而人文学家也没有受过专业的科学训练。

斯诺写道："很多时候我遇到很多受过高等教育的传统文化代表者，热衷于表达他们对科学家的文学素养的质疑。有那么几次我被激怒了，然后问公司里有多少人能够描述热力学第二定理。没有人回应：没人知道。但作为一个科学家我总被问及类似的问题'你读过莎士比亚的作品吗？'"[12]

为什么投资者要关心半个世纪以前人文学家和科学家之间的辩论呢？因为叙述性的投资者在解释市场或经济的时候，有时缺乏恰当描叙所需要的统计学意义上的精确性。而我们已经知道，如果描述不能作为解释，它通常是错误的。

首先赋予这个观点重要意义的人是天普大学的数学教授

约翰·艾伦·保罗士（John Allen Paulos）。保罗士是一位畅销书作家，因为《数盲》（Innumeracy，1988）和《数学家读报纸》（A Mathematician Reads the Newspaper，1995）而出名。这两本书都非常适合阅读，不过他出版于1998年的书籍《一个号码：隐藏的数学逻辑的故事》（Once Upon a Number：The Hidden Mathematical Logic of Stories），与我们这里的哲学章节相关性最大。

保罗士说，人类非常善于讲故事，但他们不善于运用统计学。讲故事的人很少用统计学来捍卫自己的故事。类似地，人们能够引用好的统计结果，却很少能将统计的启示写成恰当的文字。保罗士说："不幸的是，人们通常会忽略统计学的正式概念、通俗的理解和他们创造的故事之间的联系。人们认为数据来自一个不同于叙述的领域，不去提取、筛选或总结数据。人们通常只是单调引用数据，而不用数据支持故事和文字，以赋予其意义。"[13]

保罗士认为，当我们听故事的时候，我们倾向于减少怀疑，以使其更具有娱乐性。但在衡量统计数据时，我们不会减少怀疑以免被欺骗。保罗士接着描述了统计学的两种错误：第一种错误发生于人们观察到一些并不存在的事物时；第二种错误发生于人们没有看到那些真实存在的事物时。保罗士说，那些喜欢娱乐性，倾向于减少第二种错误的人，更喜欢故事而非统计。而那些不需要娱乐性,倾向于避免第一种错误的人,更愿意相信统计而非故事。[14]

■ ■ ■ ■

对投资者来说,认识到叙述的滑坡效应很重要。讲故事会无意识地增加我们对概念的信心,因为故事本身也能成为自身的佐证。"对故事的关注,更关注个体而非普遍性,更关注于动机而非行动,更关注于文字而非原始的数据。"保罗士说。[15]因为投资者主要通过讲故事来解释市场和经济,统计学数据确实弱化了其解释。用塞缪尔·约翰逊(Samuel Johnson)的传记作家詹姆斯·博斯韦尔(James Boswell)的话来说就是:"当统计者做统计时,上千个由愚昧者传播并相信的故事都是假的。"[16]

这里我们发现贝努瓦·曼德勃罗、路德维希·维根斯坦、C. P. 斯诺和约翰·艾伦·保罗士之间的观点是相互关联的。正确的描述对正确的解释来说非常重要。不过很多时候会出现多种显而易见的描述。尽管这样,我们也在突出观点、减少统计学错误时,选择正确的描述、构思复杂且具有娱乐性的故事上迈进了一大步。

认知上最艰难的忏悔是承认自己的错误。行为学上我们知道自己肯定存在偏见。但我们又急切地想将自己的思维调转，以与周围的任何与自己相关的事物调和。我们常常认为坚持是错误的。我们更愿意接受表面的错误，不愿意接受自己的错误。

在投资中，没有人是完美的。在我们所犯的错误中，有一些是微小且容易复发的，另一些则是不可调和的。人类很难发现自己的错误，尤其是有些人非常坚持且抱有某种信仰时。要成为一个成功的投资者，我们要准备好重新解读市场现象。幸运的是，哲学的指导能让我们的投资之路更加容易且明智。我们从哲学的实用主义中可以找到这种指导。

::: :::

作为哲学的一个正式的分支，实用主义只有100多年的历史；它首先由加州大学伯克利分校的威廉·詹姆斯（William James）在1898年的文章中提出来。在"哲学概念和经验性的结果"一文中，詹姆斯引入了"皮尔斯的原理，实用主义的原理"。这是向他的朋友和哲学家查尔斯·桑德·皮尔斯（Charles Sander Peirce）致敬。

20年前，一小部分科学家、哲学家和剑桥大学、麻省理工的其他知识分子，包括詹姆斯、皮尔斯和奥利弗·温德尔·霍姆斯（Oliver Wendell Holmes），组成了形而上学俱乐部，以严谨讨论信仰和现实的形而上学⊖的问题。因为俱乐部讨论的原因，皮尔斯发现他在抽象性的形而上学的路上渐行渐远，慢慢地形成了自己定义现实的方法。作为一个被训练过的数学家，他开始认为现实是一种功能，不是一种抽象绝对的概念，而是整体之间的实践性关系（他将这些称为标示或记号，作为他的数学工作的一种展示）。

通过形而上学俱乐部中生动的讨论，皮尔斯提炼了自己的理论，并最终形成了自己的概念：通过思考解决困惑，形成自己的信仰，而这些信仰最终形成的行为养成了习惯。因此任何追求信仰的真实定义的人，不仅要看到信仰，还要看到信仰带来的行动结果。他将这种概念称为"实用主义"（Pragmatism），⊜一个他自己创造的词汇，这个词与实践（practice 或 practical）一词有同样的词根，以此表明他认为思想的意义与思想实践的结果相同。他解释说："人类对任何事物的看法，都是自己对事物敏感作用的看法"。在 1878 年的经典之作《如何形成清晰的观点》中，皮尔斯写道："思想的

⊖ 哲学术语，指对世界本质的看法。形而上学是一个传统的哲学分支，旨在解释存在和世界的基本性质。——译者注

⊜ 产生于 19 世纪 70 年代的现代哲学派别，在 20 世纪的美国成为一种主流思潮。实用主义认为认识来源于经验，人们所能认识的，只限于经验。——译者注

最终功能是形成行为习惯。因此，想了解思想意义，我们可以简单地分析思想可以形成什么习惯，要了解一个事件的意义，我们只需要看看这个事件中囊括了什么习惯。"[17]

《如何形成清晰的观点》发表之初，在皮尔斯的小圈子中激起了涟漪。俱乐部的另一位成员威廉·詹姆斯受到皮尔斯的思想影响，在20年后将这些思想传播开来，也就是1898年在伯克利所做的讲座。

我们应该指出，皮尔斯希望建立起一种解决哲学问题的逻辑方法——尤其是希望建立一种衡量事物意义的方法。他希望这种概念能够作为一种科学原则。而詹姆斯将皮尔斯的方法应用于广泛的思考中。他走出了意义和真实的狭窄范畴。詹姆斯说，信仰是真实的，不是因为它可以经受住逻辑考验，而是因为拥有信仰能够让一个人与社会的联系更加有效。

与皮尔斯类似，詹姆斯认为哲学家花了太多时间争辩抽象的概念性的原则（形而上学的问题），和试图证明或反证各种哲学原则。他说，其实他们应该问的是，持有某种哲学思想会产生怎样的实际效果。在他的名言中，詹姆斯直白地问道"什么是信仰的现金价值"，即什么是信仰的实际意义？

作为一个受欢迎且有魅力的讲师，詹姆斯很快成为比皮尔斯名声更大的实用主义主要开拓人。最终，皮尔斯远离了詹姆斯的工作，并为自己的理论取了一个不同的名称：实效主义，一个他称为"太丑了，所以不会被绑架"的词。晚年的皮尔斯变成了一个贪心的、贫困的隐士。威廉·詹姆斯则为皮尔斯提供救济，并自始至终将皮尔斯看成哲学运动的奠基人，因此皮尔斯和詹姆斯渐渐出名了。

■ ■ ■

威廉·詹姆斯 1842 年出生于一个喧闹的、非传统的知识分子家庭。他的父亲亨利·詹姆斯（Henry James）是一个神学家和半个哲学家，他教育孩子的方式就是当客人来了的时候，让孩子们坐在边上听讨论；同时他信奉"感官教育"，因此带领全家长期游历欧洲，以获取博闻广识。威廉最小的弟弟，和他们的父亲名字一样也叫作亨利，后来成了杰出的小说家。

年轻的时候，威廉想成为一个艺术家，但很快他承认自己在艺术上缺少获得成就的天分。18 岁的时候，他进入哈佛大学劳伦斯理工学院研习化学，后改学生物，毕业时获得了哈佛大学医学院医学博士学位。之后他在哈佛大学留校任教，并作为一个心理学家获得了巨大的声誉，主要是因为他在 1890 年发表的经典之作《心理学原理》(Principles of Psychology)。同时，如同我们看到的，他将自己的智力天赋转移到了哲学研究中。

詹姆斯的观点极其广泛。他广泛阅读哲学经典，并与很多当代的哲学家，尤其是皮尔斯维持着友好的个人交情。他在心理学方面受到的训练，让他比绝大部分哲学家更了解人类大脑的工作方式。他对进化理论也很着迷，那时候进化论还是很新的事物，让美国的很多科学家很激动（达尔文的《物种起源》发表的时候，詹姆斯刚刚进入哈佛大学读本科）。夹杂着这些外在的影响和个人的深思，詹姆斯慢慢形成了自己关于实用主义的研究风格。因为用毕生的经历书写和讲授实用主义，而这两个方面最后都为大众接受了，詹姆斯成了这个哲学领域最出名的推动者，而他的思想开始成为实用主义受欢迎的思想。

为了尽可能简化，实用主义拥有实践结果定义的事实（思想层面）和公正（行动层面）。只要有所不同，一个思想或行为便是真实的、实际的、优秀的。为了了解一件事情，我们要了解这件事会产生不同的结果以及这些结果具体是什么。詹姆斯写道："真实，就是在信仰的路上证明自己是优秀的所有事物。"[18]

如果真理和价值由它们在现实世界中的应用所决定，那么真理会随着环境的改变、随着世界的新发现而改变。我们对真理的理解是不断进化的。达尔文笑了。

这里，实用主义与绝大部分早期学院哲学思想相反，这些哲学思想认为真理（推理出来的真理）是绝对且不可更改的。但詹姆斯则认为我们不能相信什么事情是一成不变的。比如说，问上帝是否存在，这是浪费时间，因为答案没有意义。我们只需要知道信或不信上帝会让我们的生活产生什么不同。这种态度成为詹姆斯的实用主义的中心思想。

詹姆斯在一系列有针对性的或公众性的讲座中发表了自己的想法。他将自己的演讲推向大众，因为他认为大众，而非哲学家，是哲学问题的最终权威。在还没有电视的时代，这种宣传很常见。詹姆斯大受欢迎。他的演讲风格多变，他的口才和时尚的语言显示出与他的弟弟——那位小说家类似的天赋。

在1907年的纽约，詹姆斯发表了面向大众的经典演讲——"实用主义意味着什么"。演讲开始的时候，詹姆斯让听众观察科学的进化过程。他说，当数学第一定理和物理第一定理被发现的时候，人们认为它们是"真的破解了上帝的永恒思想"，而这些定理也是绝对的。他继续道，但随着科学的发展，人们发现这些基本定理只是一种近似，而不是绝对。接着，定理也在不断增加，每个学科都有很多不同的相互竞争的公式。他说，科学家渐渐明白没有一个理论是"对现实的绝对性描述，但每一个理论在某些方面都可能有些许作用。"[19]

詹姆斯指出，信念的伟大作用，在于总结过去的事实，然后引领新的潮流。他提醒听众，我们的信念都是人为的。这些信念是人类用来写下自己对自然的观察的概念性语言，信念也成为我们经验性的选择。因此，他总结道："思想（思想本身只是经验的一部分）之所以正确，只是因为到目前为止，它与我们其他经验之间的关系良好。"[20]

我们如何从旧的信仰中获取新的信仰？詹姆斯说，这个过程同科学家做研究的过程相同。

一个已经有很多观点的人在遇到新的问题时，会将已有的观点用上。有些问题与旧观点不符；可能在某个时刻他发现它们之间相互矛盾；也有可能他听到的内容与旧观点不符；所以他希望旧观点与新问题之间能够一致。这往往令人困扰，他希望通过改变旧有的观点以解决这种困扰。他试图尽可能多地保留旧观点，因为在这种信念的问题上，我们全都是极端保守的。所以他试图先改变一个观点，再改变另外一个观点（不想一下子改变太多），最后，最大程度上保留了旧有思想的新思想就这样出现了。这些思想介于旧思想和新思想之间，不过能更灵巧和更方便地被使用。[21]

如果这段关于人类思想如何进化的描述让你觉得眼熟，那么你是对的。詹姆斯的雄辩，提前50年描述了托马斯·库恩的思想（见第 3 章）。

詹姆斯的思想，总结起来就是：新的思想在被接纳时，旧的真理在最大程度上不被破坏。新的真理只是一个帮助我们从一个点到另一个点的中间人与调和者。詹姆斯说："我们的思想变成真理，是因为思想成功地扮演了中间人的角色。"[22] 信念是真理，如果信念能帮助我们从一个地方走到另外一个地方，那么它就拥有了"价值"。这样一来真理变成了一种动力，而不仅仅是一个名词。

所以我们可以说，实用主义让我们在未知的世界里航行，而不至于在绝对真理的荒岛上搁浅。实用主义没有偏见、教条或刻板的条例。它包容所有的假设，考虑所有的证据。如果你需要真相，它给你真相；你需要宗教，就给你宗教；你需要经验，它给你经验。詹姆斯说："简单来说，实用主义拓展了寻找上帝的途径。上帝检验真理的唯一标准就是，什么方法能够更好地引导我们。"[23]

实用主义被称为是美国独特的哲学。它的全盛时期（20世纪初）刚好是伟大的西部大开发时期，它在很多方面与西部大开发的先驱精神遥相呼应。它刚好也与美国大规模经济和工业扩张时间一致，那时的乐观情绪和新世界的成功，都呼唤着新的哲学。近期实用主义的本质被歪曲成不论什么方法、就算是坏的方法，只要能给出满意的结果就行的投机主义。

这完全不是詹姆斯的意图。他最在意的就是道德；他提倡用哲学的方法获得更好的生活，造福后代和人类居住的环境。

总的来说，实用主义不是哲学，而更像如何使用哲学。它因开放、欢迎各种实验而繁荣兴旺。它拒绝清规戒律，欢迎新的思想。它坚信所有的可能都应该被考虑，拒绝偏见，因为重要的新思想常常始于看似肤浅，甚至有点傻的念头。它试图通过重新定义旧的问题而获得新的理解。你可能会回想起本章开头部分，李·麦金太尔关于重新描述人类不懂的事情的那些话语。尽管威廉·詹姆斯没有用这样的话语，重新描述这个词是他的中心思想。我们通过尝试新的事物、接受新的思想、用不同的方式思考而学习。这是知识产生的过程。总的来说，实用主义是建立和运用格栅思维模型的最佳哲学。

■ ■ ■ ■

实用主义所依赖的不是绝对的标准和概念，而是结果——那些能够起到作用，帮助你实现目标的事情。投资者非常希望理解市场是如何运作的，这样他们就可以实现自己的目标。他们意识到投资模型的局限，也很快意识到任何模型就其被开发出来的目的而言非常敏感。

我们用根据低市盈率、低市账率和高股息选股标准的经典"价值股票"策略做一个分析。这个模型基于这种选股方法能够获得超出市场回报的学术研究。我们所了解到的是，模型通常可以运作一段时间，然后就失效了。模型突然就不再拥有可以被解释的价值，但有些人还是坚信这是模型对世界运作的精确反应。我们如何能知道这是否正确？

如果你怀有保持一致的理论，那么你将拥有自己的模型，不论这个模型是否管用，因为你早就认为你的模型与市场的深层结构一致。这种一致的真理与绝对的用法相同。这与实用主义的方法相反。作为一个实用主义者，通常你的时间窗口很短，因为你知道自己手握的将是一个失效的模型。实用主义者明白任何模型，只能帮助个人完成某种任务。

什么是衡量价值的最好方法？大部分人认为约翰·伯尔·威廉斯（John Burr Williams）的现金流折现（discounted cash flow，DCF）理论，是衡量经济价值的最佳模型。我们可以将威廉斯的 DCF 模型看成"一阶模型"。然而，很多投资者回避了其中内在的难题。[24] 他们放弃了"一阶模型"，而选择一种"二阶模型"——可能是低市盈率或其他基于会计因素的衡量方法，作为唯一正确的方法。

股市是一个巨大的会计计数机器，不断地对股票进行重新定价。有时公司现金流被大打折扣（DCF 模型）的股票，也是低市盈率的股票；有时现金流折扣最大的股票也会有高市盈率。没有一种衡量方法是绝对的，没有哪个永远正确。实用主义的投资者可以，而且应该采用任何可以获得回报的二阶模型，舍弃那些对一阶模型产生干扰的无用模型。

记住，詹姆斯告诉我们，就算是"最猛烈的革命在个人的信仰里还是会尽可能多地保留旧有的思想"。就算我们接受了一个新的思想，我们仍然会保留那些有些许改动的旧思想。从一个实用主义者的角度来看，应该允许，甚至是鼓励寻找那些可行的解释。詹姆斯说："眼光要足够长远以接受新的事物，但尽可能用熟悉的方法解决问题。"[25]

成功投资者的哲学基础是双重的。首先，他们能很快地意识到一阶模型与二阶模型的不同，同时他们永远不会为二阶模型所困。其次，他们对实用性的调查不止于金融和经济领域。这类似于用魔方游戏的方法进行投资。成功的投资者热衷于从各种角度、用各种可能的方法来检测各种事件，以获得最可能的解释（或新的解释），即对真正发生的事情的解释。只有这样，一个投资者才能获得精确的解释。

做得比别人好，或进一步打败股市的唯一方法，就是拥有与别人不一样的分析数据的方法。这里要补充一下，还有对不同信息的需求以及经历的不同。[26] 在研究伟大的投资思想时，其中最显著的一个特质是对利润的追求。你的视野更宽广，你就可以更全面理解你所观察的事物，然后你可以用这些思想获得更大的投资回报。

我们生活工作在一个不断变化着的世界；当你认为事情不再前进时，它的轨迹就加速了。在这样的世界里，成功的表现需要灵活的思想。在一个迅速变化的环境里，灵活的思想总是能够超越僵化绝对的思想。

学习哲学的"现金价值"很真实。简单来说，它教你如何更好地思考。一旦你将自己交付于哲学，你会发现你进入了一个叫作批判性思维的课堂。你开始用不同的眼光看待问题，用不同的方式做投资。你看到的事情会更多，你理解的事情也会更多。因为你发现了各种模式，你不再害怕突变。拥有可以尝试新思想且知道如何应对的开放思想，你会更坚定地走在正确的道路上。

第7章
文　学

查理·芒格的格栅思维模型的概念激励了作者写作这本书，他曾被问道，在他向听众解释这个概念时，人们如何才能理解好这些模型。听众可能会用不同的方式提出这个问题，不过他们基本都会问："我当然了解从不同学科获取关键概念以及构造自身格栅模型的价值所在，但是我在学校里没有学过那些知识，我要从零开始起步。坦率地说，这个挑战太大了。我如何开拓自己的知识深度和广度，获得通识智慧呢？"

查理并不是一个以刻苦努力而闻名的人，他的答复是直截了当的。大多数人都没有接受过适当的教育，他说，太多学院派过于狭窄，太强调学科边界，过度自我陶醉于只做范围有限的事情——将重点放在帮助学生成为真正受过教育的人。即便是从那些知名大学获得了学位，也不能确保我们已经获得了我们所说的通识智慧，抑或走上获取通识智慧的道路。

对于这种情况，他笑了笑说，答案很简单：我们必须进行自我教育。关键的原理，那些真正伟大的思想，早已写下来了，等着我们去发现，并将其变成自己的财富。

而实现的工具就是书，确切地说，所有可读的书，加上其他传统或者现代的媒体：报纸、杂志、时评、技术期刊、分析师报告以及互联网上的数字资料等。这不是一个数量问题，不会有人傻到要劝你读遍所有出版的物理学、生物学以及本书中提到的那些学科的书，即便你可能尝试着那样做，我肯定你面对浩如烟海的思想，不仅不会变得更明晰，反而会更加糊涂了。所以我们在谈论如何成为一个明辨是非的读者：分析你读到的东西，在大背景下评估其价值，再决定是否将其纳入你自己的格栅思维模型中。

是的，我知道，其实你现在手头上已经有太多的东西要阅读。但是我想提醒你的是，你可能把精力放错了地方。我怀疑你现在阅读的大部分内容（这些资料是你认为"我不得不读的"），只是让你了解更多的事实，而非加深你的理解。在这一章，我们更关注后者。如果我们能够完善自己的阅读技能，就能够通过阅读，接受新观点。这样做的益处是深远的：不仅可以大量增加你在不同领域的有用知识，而且将同时提高你在批判性思维方面的能力。

在这一章，你将学会分析和评估一本书（或其他资料）的各种方法。它会告诉你是否值得花时间去深入研究这个资料，这个过程就像是分析一个潜在的投资，而且具有相似的目标：形成一个有充分信息支撑的清醒的决定。你也许还记得查理·芒格和沃伦·巴菲特强调过理解一个公司的基本面的重要性，你投资的是一个商业模式。他们强调的是要你真正理解，而不只是进行数据的收集；这种理解只能来自细致的研究和理智的分析。投资需要具备和用心读书一样的思考能力。

但是读什么书，什么主题，按照怎样的顺序去读呢？我们如何选书，怎样确认我们所读的书能够塑造我们的思想呢？这就是本章我们应该考虑的问题：读什么、如何读以及为什么读。

让我先到一个大学的校园里走走吧。

※ ※ ※

每周五晚上，马里兰州安纳波利斯圣约翰学院的全体学生和教职员工都会聚集在弗兰西斯斯科特基视听课室听一场正式演讲。演讲人是学校教员或者外请的嘉宾，内容可能有关一本伟大的书，一位知名作者，或者可能是诸如判断、爱情或智慧这样的话题。学院无奈地承认，这可能是学生唯一的听演讲的机会。在演讲之后，听众会和演讲人进一步讨论这个话题，评论和提出一些更深入的问题。学院相信，这种形式的活动可达到两个目的：强化认真听取不熟悉的资料的习惯，同时也让学生提升在公众场合讲话的能力。

但这是在周五晚上，这不是通常的校园聚会时间吗？这说明圣约翰学院和大多数大学不同。事实上，也和美国的大多数大学不同。[1]圣约翰是以联合教育为特色的四年制文科学院，以其伟大著作阅读计划闻名。整个学院的课程就是阅读和讨论西方文明史上的伟大著作。该院没有独立的专业或系别，没有选修课程。在四年时间里，该校学生将阅读文学、哲学、神学、心理学、物理学、生物学、政府学、经济学和历史学，并以18～20个人的研讨班形式集中讨论。在更小的班级，他们也学习音乐、视觉艺术、语言（一、二学年学希腊语，后两年学习法语）、数学和实验科学。

课程表的设计是按照大致的年代顺序排列的（参见附录的圣约翰学院阅读清单）。在第一学年，学生集中精力学习古希腊的伟大思想家的著作，第二学年主要阅读罗马帝国、中世纪、文艺复兴时期的作品以及古典音乐和诗歌。第三学年，学生阅读十七和十八世纪主要思想家的著作。第四学年阅读范围扩大到十九和二十世纪。

通过阅读名著和小组讨论，圣约翰学院的学生接受了本杰明·富兰克林在250年前提议的、我们之前在第1章看到的那本著名的1749年出版的小册子里所讲的广泛的人文学科教育。[2]

在写作这一章的过程中，我和几名曾就读于圣约翰学院，现已进入投资界工作的学生聊过。他们都说，在学院学习的第一件事就是如何成为好的思想者，而不是好的交易员、投资银行家、金融顾问或者分析师，而成为好的思想者，无疑让他们在工作中表现得更出色。[3]

"我在圣约翰学院接受的教育给了我透视感,对于世界有了更宽广的视野。"李·芒森(Lee Munson)说,他管理着阿尔伯克基的 Portfolio 公司。"很清楚,为了取得成功,我不得不考虑所有的可能性,而不只是从标准金融课程得到的一孔之见。作为一名交易员,我依赖于那些我反复遇到的同样模式,它可能看上去有点不同,但其实是同样的东西。我会比那些认为事情是第一次发生的人看得更通透。"

"在商学院里,讲授的东西是公式、定理、图表。但那不过是在计算器上按按数字键而已。更糟糕的是,你只学到了用一种方法去做事。而且你无法快速改变想法紧跟市场。当然,重要的是详尽地做好各项研究,但是之后不要指望市场或者行业能够帮你做决定。向外看,在更宽广的图景下,可以让你更自由地考虑问题。如果你不知道如何思考,你就会一直亏钱。"

IPC 并购的高级副总裁唐·贝尔(Don Bell)补充道:"另外一件我学到的极有助益的事情是,如何用建设性的方式就敏感话题进行有意义的讨论,而不是自说自话。你可以看到自己会逐步掌握这个技能。作为大学新生,每个人都急于表达自己的观点,他们不知道如何倾听,只是在等待别人停下来的时候赶紧插进去讲一通。但是到了三年级和四年级,我们都学会了如何认真倾听,揣摩别人的话,用尊重别人和友好的方式解释自己的观点。我每天都在这样做。"

史蒂夫·博林（Steve Bohlin）毕业于圣约翰学院的圣达菲分校，他回应了研究第一信息源的价值。"当你研读原著的时候，"鲍林说，"你就不会再想读二手著作了。在圣约翰学院，我们学会了把原论述分解为基本原理，然后再重新组合起来。"这是一种反向工程，或者如博林所说"去学习如何学习"。博林现在担任圣约翰学院的投资委员会负责人，意味着他面谈过无数想管理该校捐赠基金的专业投资者。他接受的独特教育是否有帮助？"我在圣约翰学到的分解论点的方法，与我在检视基金经理时所用的方法是一致的，"他说，"大多数创造阿尔法回报的基金经理，只不过是在贝塔回报上加杠杆。我想要了解的是基金经理的核心原理，以及那些可以产生超额回报的核心原理。"

当格雷格·柯蒂斯（Greg Curtis）1990年加入圣约翰学院董事会时，他开始参加课程和讨论班。由于他在学习经典著作上持之以恒，圣约翰学院授予他名誉校友称号。如今，柯蒂斯是退休董事，他对圣约翰学院和伟大著作阅读计划的热忱从未有减退。"圣约翰学院的教育，今天和20世纪30年代没有任何差别。这是一个要求充分了解原作的教育方式，其他学院也可能讲授人文学科，但是强度不会和圣约翰一样。"柯蒂斯说道，"在圣约翰读书，既累人又恐怖，因为要求你要跟上西方文明史最伟大的思想家的脚步。一旦你接受过这种教育,你就能够完美地做好应付整个世界的准备。即使离开圣约翰学院,你也能够发现那些没有经过如此正规教育的人在工作中的疏漏。"

■■■

还记得第 5 章的内容吗?阻碍我们做出正确投资决定的心理学方面的绊脚石是沟通——准确和完整的信息传递,没有噪声干扰,从原始信息开始传递。理想情况是,信息是准确和真实的(否则我们所做的一切就是在传递错误),它可能与我们掌握的信息有一定的相关性(否则我们就是在浪费时间瞎忙活),它也应该和我们的问题相关(否则我们只是在反刍数据,而不是在增长见识)。

确保原始数据准确性和相关性的一种方法是使用纠正装置。我们在第 5 章已经讲过。在电子通信系统里,纠正装置是一个有形的设备。在心理沟通系统中,纠正装置是让我们能够辨认信息的认知机制。分析阅读和批判性思维的能力就是最强大的装置。

一旦养成了分析阅读能力,我们就能够决定所读的内容是否值得输入沟通通道。这对于从事金融投资的人士来说极其重要。因为在大量的阅读资料中，只有一部分略有价值，我们必须有能力去芜存菁。

为了让我们能够以好的信息启动沟通链条，我们需要发展识别的能力：从信息的海洋中选出那些真正能够充实我们的知识。这就是本章的重点：正确选择阅读的内容，以智慧和澄明的方式去阅读，以增加自己的知识。在这方面，圣约翰学院的学生给了我们一个非常有价值的工具。

■ ■ ■ ■

除了一份完整的四学年的伟大著作阅读书单之外，几乎每个圣约翰的学生都特别熟悉一本不在书单上的书：莫提默·J. 艾德勒（Mortimer J. Adler）写的《如何阅读一本书》（*How to Read a Book*）。[4] 学生们传阅的这本书，很多都是折了角的，画过线的，写满注脚的复印本。学生们把这本书看作在阅读中获取最多有用知识所不可或缺的工具。这本书最初在 1940 年出版时，立即成了畅销书。这本杰作在 1972 年修订过，至今还在印行，并在圣约翰学院的学生中小心地传阅着。[5]

另外也有其他描写如何阅读的书，有些在艾德勒的书之后出版（参阅本书的阅读书单），但我觉得没有一本能超越艾德勒的著作。我手中的那本《如何阅读一本书》里到处都是黄色记号笔勾画痕迹,边角也写满了注解、箭头指示和感叹号。现在每次翻开这本书,我依然能有新的收获。尽管艾德勒和范多伦(Van Doren)写在书中的概念已经是 70 年前的东西了,但对于我们投资者来讲其教诲是永不过时的,而且我相信它值得我们花时间去深入探究。

艾德勒认为,阅读一本书的主要目的是为了理解。(目前我们先把阅读带来愉悦的观点放在一边。)这和为了获得信息的阅读是不同的。其中的区别非常重要,而且我相信这对于投资者特别重要。

我们每天大部分的阅读(除非我们选择了自己领域之外的资料,这需要花费一些时间去做)是为了收集信息。堆在我们书桌上的《华尔街日报》《金融时报》《纽约时报》《财富》《福布斯》《经济学人》以及其他各种报纸杂志、专业期刊和分析师报告,包括了新信息,但不一定有新见解。当我们阅读这些资料时,我们收集了更多的数据,但是我们对事物的理解一般不会得到提升。显然,信息是理解的前提条件,但是关键在于,艾德勒说,不要止步于只是接收信息。

区别收集信息和获得理解有一个简单方法。任何时候你读到的资料如果在你看来是轻而易举就可以"得到"的,很可能你只是在做信息编录。但是假如你需要停下来思考,而且要再次阅读加以确认,这个过程就有可能提高你的理解。

按照这个方法,想想过去几年里,你有多少次阅读是为了收集信息,有多少次阅读是为了提高理解。

从较少理解到更多理解的过程,对于任何一个期望获得智慧的人来说,都是关键的旅程。读书并不是一件简单的事,你可以简单地把书放在一边,再拿起一本。但若想获得真正的理解,就要求你去做,去思考。读物的内容对你来说是新的,作为读者,你的起点是与作者不同的——作者对于这个主题比你了解得更多。你越是不熟悉这个资料,越需要做更多的努力克服这种不平衡。

而且,一些作者的写作风格比较难以理解,他们的作品需要我们花更多的努力去阅读。艾德勒将这种关系与棒球运动中的投球手和接球手进行对比。投球手和一些作者一样,可能很野蛮且难以控制,要求接球手(读者)做出更多努力。所以,如果你想成为一名好读者,有时不得不付出更多的努力,去抓住一个作者表述得比较随心所欲的思想。

艾德勒建议,态度积极的读者需要记住4个基本问题。[6]

(1)这本书整体讲了什么内容?

(2)这本书的细部是怎样的?

(3)这本书讲的内容是否有道理,是部分有道理还是全部有道理?

(4)阅读这本书的目的是什么?

不管这本书是什么时候出版的，其形式为何（小说还是非虚构文体），或者阅读的目的是什么（获取信息，拓展知识或者得到阅读的愉悦感受），如果你想聪明地阅读，就应该时刻从这4个方面对其进行评估。

为了尽快了解这本书的整体内容（基本问题1），艾德勒建议做一个快速浏览。首先阅读前言，作者通常会在这里给出对整本书的简单介绍，写作缘由，也许会有内容纲要。然后，仔细阅读目录，这将让你对于这本书是讲什么的有一个清晰的印象。接着是翻到书后看索引，看看熟悉或者不熟悉的术语有哪些，这将让你对书中的主要话题有所了解。你还可以从参考文献中了解更多东西。你能辨认出作者引述的文章标题或者之前读过其中哪些文章吗？然后再随便翻阅几个段落，也许翻到的章节所说的内容，正好是你熟悉的话题。经过快速浏览之后，翻到书的最后，如果有作者关于该书的总结，最好也读一下。

上述整个过程，从阅读前言、目录、索引、参考文献到全书浏览，至少需要半小时到一小时。你可以在实体书店或者网上做这件事，从任何网上书店提供的"部分内容浏览"中获得信息。最后，你应该知道这本书整体上是写什么的，你是否愿意花宝贵的时间去阅读它。

如果你确实想要读那本书，艾德勒建议进行完整的阅读，你将开始回答第 2 个基本问题：这本书的细部内容是什么，是怎样表述的？这将决定你是否想投入时间进行严肃的分析阅读。现在的目标是通读全书，不要受到干扰，哪怕是中间遇到了不熟悉的术语。把注意力放在你理解的内容上，跳过那些困难的章节。注意：这需要聚精会神。即便你是在快速阅读这本书，也不要让自己心不在焉。打起精神并将注意力集中在你读的内容上，以便能够理解基本内容。艾德勒建议我们像侦探那样，不断地寻找能够告诉我们是否值得深入阅读的线索。

如果答案确实如此，就转入艾德勒所说的分析阅读——最全面完整地吸收这本书的内容。分析阅读可以帮助你回答前两个问题（这本书整体讲了什么，以及细部内容是什么），这时你要开始回答第 3 个问题：这本书讲的内容有道理吗？

分析阅读有 3 个目标：①对书本内容的细致了解；②通过了解作者对于所写主题所持的观点解释书的内容；③分析作者在表达观点方面的成功之处。

你可能发现在大学时做阅读笔记的方法在分析阅读时很有帮助，手边放一个笔记本，对每一章的重要话题做出概括。用自己的话写下来你认为作者写作这本书的主要目的，列出你认为的作者的基本论点，然后与内容概括进行对比。自己判断一下，是否作者已经达到了当初的写作目的，捍卫了论点以及说服了你。问一问自己,是否作者看上去是没有逻辑的,或者你是否发现作者展示的来自其他来源的资料是不准确的。如果有些细节看上去不合逻辑,作者是否坦率承认无法提供完整答案,还是试图敷衍读者?

用这种细致的方法读过几本书之后,你很有可能发现你的分析技能正在提高,而且你不用再做记录就可以继续阅读了。你要永远记住这些基本问题:这本书的细部内容是什么,是有道理的吗?

在你进行分析阅读时,要回答第 4 个基础问题:阅读这本书的目的是什么?也就是说,阅读这本书的意义是什么?而这个问题的完整答案只能建立在更深入阅读的基础上,艾德勒将其称为共鸣阅读,或者比较阅读。(我们将使用后一个术语,因为我相信这个术语更贴切。)在这个阅读层次上,我们感兴趣的是了解某个特定的主题,为此我们比较和对比不同作者的作品,而不是只看一个作者的一部作品。艾德勒认为这是要求最高、最复杂的阅读阶段。其中包含了两个挑战:第一,寻找关于这个主题的所有图书,决定应该读哪本书。

一旦你确定好了想要研究的主题,下一步是列出参考书目。根据主题的不同,参考书目可能包括几本或者很多本书。要用分析阅读方法读完这些书,可能需要几个月的时间,甚至几年。做比较阅读的读者必须找捷径,快速检视阅读每本书，以便确定其中是否有相关主题的重要描述，剔除掉那些关联不大的书。一旦决定了需要阅读的书目，你就可以开始了。

比较阅读的第一步是找出每本书的相关段落，你无须完整地分析阅读每一本书，只需找出每本书中你需要知道的那些重要内容。这与完整地分析阅读一本书是完全不同的。在分析阅读中，你从作者那里接收信息；在比较阅读中，你只需关注能够满足你需要的内容。

用自己的语言列出一个问题清单，分析所选的书在回答这些问题时的优劣。不要因为作者给出了不同的答案而沮丧，但一定要花时间搞清楚每个作者答案的内涵。

比较阅读的最后一个步骤是分析每位作者的观点。注意不要带有偏见，而是要公平地对待每位作者的不同观点。当然，完全客观几乎是不可能的，但是你越推迟做出结论，你对整个问题的理解越全面。最后你需要回答艾德勒的最后一个基本问题：阅读这本书的目的是什么？这本书是不是对你特别重要，它是否需要你学习更多的东西？

回顾艾德勒的完整方法，我们把他仔细建构的联结点记录下来。每个层次的阅读都与另一层次相连，这是一个累加的过程。在掌握前面那些层次之前，无法期望达到最高的阅读层次。

注意，我们前面谈论的技巧只适用于非虚构类书籍，或者艾德勒所说的说明性作品。（我们稍后会讨论文学类作品。）艾德勒将包含了知识的书籍都视为说明性作品，并将其划分为两大类：实用性作品和理论性作品。

理论类书籍关注观点——历史、数学、自然科学和社会科学。实用类书籍正相反，提供的是行动建议。只有当你采取行动时，书中的真理才能成为真正有用的；只完成阅读是不够的。任何书籍只要列明了一套法则或步骤以达到一个目标时，这本书就是实用类书籍。写如何去做的图书是最常见的。当然，很多实用类图书也包含了理论，通常是先陈述一般原理，然后转入行动步骤。

实用类图书主要是关于过程的——一步一步如何做的规则和最终结果。为了分析一本实用类书籍，必须同时关注这套规则（方法）和目的（结果）。这些规则必须对你是有意义的，而且它们看上去要可行。

阅读理论类书籍则完全不同。我们不关注规则和最后结果，只是想学习关于历史、科学、哲学，或者其他一些我们认为自己知识还不够的学科。作者的目标也是不同的：不是为了提供一幅行动路线图，而是通过解释和推理传播知识。

作为读者，我们面对的第二个挑战是接受知识，并将其整合到自己的思维格栅模型里。这件事能做得怎么样，取决于两个方面：作者写作的能力，以及读者深入思考的技巧。我们没有办法控制第一项，只能选择放弃一本不好读的书去看另一本，但是第二项完全在我们的控制中。

正如我们已经了解到的，当所要阅读的是陌生的内容时，对读者的挑战是非常大的。对于大多数人来说，这种挑战在阅读自然科学和数学书籍时特别明显，光是理解这些内容就已经非常有挑战性了。对于作者，情况也是如此，因为大多数科学家写的书是给同行看的，外行的读者并非他们首要的读者对象。

这种情形和100年前的科学写作有很大差别。即便是在今天，我们这些不是科学家的人都能读懂牛顿的《自然科学的哲学原理》或者达尔文的《物种起源》。尽管牛顿和达尔文肯定想让自己的思想为其他科学家所知，他们还是特别有兴趣将自己的想法解释给广大的公众。

尽管如此，今天还是有一些科学家和科普作家，成功地搭建了艰深的科学与通俗阅读之间的桥梁。理查德·道金斯（Richard Dawkins）、詹姆斯·格雷克（James Gleick）、史蒂芬·杰伊·戈尔德（Stephen Jay Gould）、史蒂芬·霍金（Stephen Hawking）、乔治·约翰逊（George Johnson）、斯科特·佩奇（Scott Page）、米切尔·沃德洛普（Mitchell Waldrop）等科学家写了很多普通人能够读得懂的科学书籍。理查德·费曼（Richard Feynman）写的一些物理学著作，非物理专业人士也能读懂。莫瑞·盖尔（Murray Gell）写的《夸克和美洲豹》（The Quark and Jaquar）尝试在不吓坏我们这些读者的情况下讲清楚物理学和复杂性。

阅读哲学书和阅读其他说明性资料是类似的，要求我们积极参与其中，并认真领会艾德勒的4个基本问题。不同之处在于，细致的思考是我们阅读哲学书的唯一方法。与科学著作不同，我们不能独立地确认这本书所讲的是有道理的，只能考虑作者的想法与我们对同样问题的思考是否一致。

那么我们应该如何阅读哲学书呢？首先，运用艾德勒的原理，你必须尽自己最大的努力去找到作者的视角，和隐藏在其思想之下的假定。如果这些没有被准确地表述出来，你将不得不做一些侦探工作，这可能意味着要阅读作者的好几本书，从中寻找线索。这可能意味着要了解更多的历史和当时的文化，这可能意味着要阅读其他对这个主题有兴趣的哲学家的著作。接下去是确定作者是否坚持了自己的假定。

然后尝试理解用于描述这个问题的术语。这样做有时会显得迂回，因为这些术语虽然通常用一般的语言表达，却可能带有特殊的意义。最后而且也是最重要的是，用常识和你自己对周围世界的观察做出判断。"实际上，每个人必须回答的最重要的哲学问题，"艾德勒指出，"不应该来自别人的意见，那不是解决问题，而是逃避问题。"[7]

为了描述这个过程，我将以自己为例。本书的第 6 章讨论了哲学，这是一个我不是很了解的话题。在思考如何在一个章节里讨论如此宏大的主题时，我首先得自学哲学基础概念，然后决定哪些内容和投资者特别相关。我第一步要做的是以最高效率通读哲学学科的综合性读物。《牛津哲学指南》和《剑桥哲学辞典》（*The Cambridge Dictionary of Philosophy*）在帮助我了解这门学科方面非常有价值。我翻到索引和词条目录部分，手指快速在每页移动，寻找那些看上去和我要找的东西相关的注解。我很快发现了哈佛心理学家和哲学家威廉·詹姆斯。你可能记得我们在第 1 章曾遇到詹姆斯和他的学生爱德华·桑代克。

威廉·詹姆斯这一词条包括了一些有关"实用主义"和"真理的实用理论"的注释。快速浏览了这些主题之后，我认为实用主义是值得研究的内容。于是我很快浏览了几本讲实用主义的专著，也留意了该领域那些活跃的实践者（《实用主义的复活》（*The Revival of Pragmatism*）和《形而上学俱乐部》（*The Metaphysical Club*））。为了了解威廉·詹姆斯生活的那个时代的环境，我仔细阅读了两本受到好评的传记——

《威廉·詹姆斯的一生》(Genuine Reality : A Life of William James)和《威廉·詹姆斯：置身美国现代主义大旋涡》(William James : In the Maelstrom of American Modernism)。之后系统地略读了詹姆斯个人文集，包括他的一些往来信函。几封写给他兄弟亨利的信，帮助我了解到詹姆斯面对的建立新哲学理论的挑战。我还仔细阅读了詹姆斯最著名的论文"实用主义"。

最后，我给自己时间安静地坐下来，回顾已经读过的那些内容，用自己亲身的经历思考其中的关联性。当我慢慢厘清所学习的每个部分时，我总结出，实用主义是对投资者有重要意义的一个哲学领域。

一般来说，可以在社会科学领域找到最通俗易懂的说明性读物。通常这类著作所描述的经历为我们大家所熟悉，而且我们已经形成了一些见解和理念。但这也是一个悖论，即这类见解也使得阅读社会科学书籍变得困难。不要忘记你们作为读者要分析的是一本书讲的是否有道理，而不是这本书是否支持你的观点。"你必须先检视自己的观点，"艾德勒说，"如果你拒绝理解书中的观点，你就无法理解这本书。"[8]

当我们阅读社会科学书籍时，重要的是将自己先入为主的观点和作者区分开。更重要的是采用比较阅读的方法。人们购买社会科学类图书，最关注的是书中是否有他们想要了解的话题的相关信息，而不是作者的知名度。基于这个原因，与其仔细阅读一本书，不如比较性地阅读几本书，后者的收获明显更大。

※ ※ ※ ※

让我们停一会，把我们在这一章所学的观点整理一下。我们从这个不容置疑的起点开始：批判性思维能力是投资成功的基础。完善这种能力——发展深入、细致的分析思维，是与深入细致的阅读密切相关的。这两者在双向反馈环中相互加强。好读者是好思想者；好思想者倾向于成为好读者，并在这个过程中变成更好的思想者。

所以批判性的阅读提升了你的分析能力。同时，你所读的内容加入了你的知识储备中，这是非常有价值的。如果你决定在金融之外扩展你的知识基础，包括本书中介绍的一些其他学科，那么你就是在将不同的要素组织起来，建立自己的思维格栅模型。

我们把这个问题说得更直白一些，学习成为一名细心的读者，对于投资者有很多好处：可以让你变得更聪明，让你感受到发展批判性思维的价值，而不只是吸收信息的表面价值。

这种批判性思维，反过来和阅读过程有两种关联：①评估事实；②将事实与观点分离。为了看到这个过程是如何工作的，我们简要考虑一下分析师的报告。我选择这样一个例子是因为我们都花费了那么多的时间读报告，当然这可能是或者必须是全世界都采用的通用做法。

首先，了解报告所陈述的事实。分析师有时会在数学上犯一般性错误，这是核对事实的一个简单方法。然后看报告所写的其他事实，考虑一下如何独立地进行验证——可能通过与独立来源的报告，如 Value Line 进行比照，或者与其他分析师的类似报告进行比较。更好的是，圣约翰的学生会告诉你的方法——去研究原始来源的资料，即公司自己的财务报表。

最后，你必须清醒地想一想，你读到的内容里，有多少是事实，有多少只是建议。如果你发现有些事实站不住脚，这是一个好的提醒，你所读的大部分内容可能是建议和观点。但是，即便事实是正确的，其他大部分评论却很有可能是个人观点。所以你应该停下来，考虑一下意见背后有什么。报告中是否包含了某种利益？其中有无分析师长期的个人偏好？分析师的意见是否与之前报告的提法不同，如果是，有无合理的改变理由？如果每次都以这种方式阅读报告，就可以完善你的批判性思维能力。

■ ■ ■ ■

至此我们已经学习了如何阅读说明性著作，但是真知灼见和智慧并不只是在非虚拟类作品中有。小说、诗歌、散文、戏剧、寓言甚至所谓的流行文学也能够为你提供养料，丰富我们对于生活的这个世界的认识。

由于这些书对于我们的想象力的作用远大于知识，艾德勒将所有这类书笼统地称为想象类读物。尽管那 4 个基本问题对于所有书都具有同样的重要性，但艾德勒认为，阅读想象类书籍要远比阅读说明性书籍困难。

他解释说，说明性著作传播知识，当我们在读这些书的时候，我们的目标是判断其真实性。想象类著作则是另一种情况，传递的是经历。书的优劣也和经历有关，但是这种经历是非常主观的，因此不可能进行分析。作为读者，挑战是欢迎这种经历，放开我们的感觉和想象力。"不要试图抗拒想象类作品对你产生的影响，"艾德勒说，"让其自由发挥对你的影响。"[9]

从想象类著作里获得养分的技巧是与阅读说明性著作的方法不同的。刚起步者应该知道文学家使用的语言是不同的。字里行间的多重隐喻和隐含意义要多于明确清晰的表述；其内容远非书中词汇所能完全表达。我们对于这类书籍精髓的探索也是不同的。在说明性著作里，技术性错误会削减我们对这本书的信任。但是对于一本文学书,小说家是否以可信的方式刻画出了人物的活动和感情,要远比某些技术细节是否准确更重要。

换言之,批判性地阅读文学图书和阅读非虚构类图书是类似的。你必须通过理解人物和他们之间的关系才能理解书的内容。你还必须彻底融入这本小说的想象世界才能找出作者的中心思想。你也必须通过让自己体验和书中人物一样的经历,跟上作者的脚步。但是最终的基本问题,不是说你是否同意这本书的观点,而是你是否喜欢它,以及喜欢或不喜欢的原因是什么。

你是否发现,在阅读小说或者诗歌作品时,会突然被一句话挡住去路,你很明白其中的含义却无法清晰地表达出来呢?这个思想并不是新的,但是突然看上去更强烈、更真实。真相可能像电击一样强烈和突然,从中得到的启示将永远伴随着你。这就是想象类作品的力量:帮助我们更真切地理解我们所了解的,感知我们所感受的,相信我们所信任的。

任何读过莎士比亚作品的人都了解到了人性,同时也被那些主人公所说的美丽的戏剧性的语言深深打动了。现代小说家和戏剧家在让我们获得娱乐的同时,也在启发我们思考生活中的大事小情。

你们可能最现实的想法是,想知道投资者能从想象类著作中得到什么教益。如果不能获得任何有关投资的新见解,为何要花费宝贵时间去读那些书呢？我的答案很简单：因为我们要从经历中学习，而且不仅仅是从自己的经历中学习。正如我们从日常经历中学习如何成为更好的伴侣、父母、市民和投资者，我们也能够从作家提供的想象和虚构的经历中有所收获。

有一位特别相信想象类著作的人叫本杰明·多蒂（Benjamin Doty），他是佛罗里达州金斯维尔 Koss Olinger 的高级投资总监。他是我们这行里极少数的几个人，尽管以专业投资工作维生，但仍认同阅读经典著作的好处。除了必须阅读的信息类资料外，多蒂的阅读清单还包括莎士比亚、斯科特·菲茨杰拉德（Scott Fitzgerald）、辛克莱·刘易斯（Sinclair Lewis）、约瑟夫·康拉德（Joseph Conrad）、威廉·迪安·豪威尔斯（William Dean Howells）和菲利普·罗斯（Philip Roth）。

多蒂将投资与文学联系起来的能力，直接来源于他曾在研究生时代就读商学和英国文学专业。这解释了为何他在网络股泡沫最高点的时候正在读西奥多·德莱塞（Theodore Dreiser）的长篇小说《金融家》（The Financier），那本书写的正是 19 世纪一位有才华的银行家由于财富得而复失起伏跌宕的人生际遇。根据多蒂的说法，这本小说讲的是有关贪得无厌和野心过大的教训。他记得在思考这部小说的寓意时，正值资本主义泛滥，这是对客观主义哲学的一个很好的注脚——艾·兰德（Ayn Rand）在 20 世纪晚期发展出的思想，后来主要通过艾伦·格林斯潘广泛传播，后者认为放任自流的资本市场才是金融秩序的正确指南。

多年之后，多蒂读了罗伯特·希勒写的检讨2007～2008年次贷危机的《终结次贷危机》（*The Subprime Solution*），开始考虑"人性因素"和金融危机永久地改变了许多人的社会阶层的方式。多蒂认为到了该改变我们投资文化的道德方向的时候了。次年，作为明尼苏达大学的兼职教授，本杰明·多蒂开始教授一门叫作"美国小说，商业和金融危机"的新课程。

在课堂上，多蒂从希勒关于金融危机的分析开始讲起，然后介绍了《麦克白》（*Macbeth*）、《理查三世》（*Richard Ⅲ*）、《了不起的盖茨比》（*The Great Gatsby*）、《石油！》（*Oil!*）、《黑暗之心》（*The Heart of Darkness*）、《塞拉斯·拉帕姆发迹》（*The Rise of Silas Lapham*）、《美国牧歌》（*American Pastoral*），当然还有他的最爱《金融家》。多蒂相信德莱塞在写作《金融家》的时候，实际上是试图改变那种道德信仰。"在这个大多数商业读物充斥着企业档案、技术手册和自助指引的世界上，我们不应低估文学的力量。"多蒂如是说。文学增加了大多数商业非虚构读物所不具备的东西——将复杂事件进行戏剧性的处理。也许最重要的是，文学以其写作魔力将读者和书中人物结合起来，让你和他们同呼吸共命运。"好的文学作品通常站在批判立场，"多蒂解释说，"那可能就是我们现在所需要的。"[10]

有时我在想，为什么我在职业生涯中没有充分接触文学。也许是因为为了交易获取信息，抑制了我对获得更长期理解的期望。其他和复杂性及不确定性打交道的职业（一个马上想得到的职业是军人）肯定会有更多的文学读者，也许比例会更高——在那里有的不是收益和损失，而是生与死。

自亚历山大大帝总是在枕头下面垫着一本《伊利亚特》（Iliad）的时代起，阅读就已成为军事部门的一项重点工作。美国军事科学院在1802年成立时，约翰·亚当斯总统向科学院的官员们提出了一个激进的阅读计划。今天，每个军事部门都有自己的阅读清单。陆军至少有6个清单，由总参谋部、军事学院图书馆和陆军领导力中心负责制定。海军陆战队也有很多读书清单，而海军有自己的专业阅读计划，其中包括梅尔维尔的《比利·伯德》（Billy Budd）。

当然，军方的推荐阅读清单里也有同样多的非虚构类读物，但是也包括了大量的文学名著，包括斯蒂芬·克莱恩（Stephen Crane）的《红色英勇勋章》（The Red Badge of Courage）、陀思妥耶夫斯基（Fyodor Dostoyevsky）的《卡拉马佐夫兄弟》（The Brothers Karamazov）、约瑟夫·海勒（Joseph Heller）的《第二十二条军规》（Catch 22）、E. M. 福斯特（E.M.Forster）的《印度之旅》（A Passage to India）以及奥尔罕·帕慕克（Orhan Pamuk）的《雪》（Snow）。对于想更深入阅读的人，我建议看看西点军校英文教授伊丽莎白·萨米特（Elizabeth Samet）写的《士兵的心：从和平到战争的文学阅读》（Soldier's Heart: Reading Litera-ture Through Peace and War at West Point）。在附录中，萨米特教授列出了长达 5 页纸的课程阅读书目和电影清单。

■■■

伟大的文学名著能打动我们的心灵，扩展我们的思维，但是我不想让你从中总结出只有严肃的作品才值得花时间阅读。从通俗文学作品里也能学到很多，特别是最流行的作品：侦探故事。

对我而言，是从雷克斯·斯托特（Rex Stout）笔下的尼罗·沃尔夫（Nero Wolfe）开始，那是我在上大学一、二年级的时候，当时我在纳什维尔市中心的酒店做夜班门童。门童的工作也不算太差，只是随时都处在忙碌状态。但在早上 2 点到 5 点之间没有多少事情可做，比较无聊。

当父亲听说我想辞去这个轻松又收入不错的工作时，递给我一本简装书，说可以帮我打发一些时间。那本书是《枪头洞蛇》（Fer-de-lance），是第一本写尼罗·沃尔夫和他的忠诚助手阿奇·古德温（Archie Goodwin）的书。我的父亲收集了

39本关于尼罗·沃尔夫的书,在那个夏天结束时,我已经全部读完了。

读完尼罗·沃尔夫,我开始去读其他的侦探小说。我走访了简·马普尔(Jane Marple)小姐和赫尔克里·波洛(Hercule Poirot)居住过的英国小村庄,与尼克(Nick)和诺拉·查尔斯(Nore Charles)一起喝精致的鸡尾酒,和菲利普·马洛(Philip Marlowe)一起厮混,和萨姆·斯佩德(Sam Spade)一起在旧金山大街上半夜游荡。后来我还和凯·斯卡尔派塔(Kay Scarpetta)博士一起解剖尸体,和侦探亚历克斯·克罗斯(Alex Cross)追踪精神病人,然后和指挥官亚当·戴立许(Adam Dalgliesh)一起返回英国乡村。[11]

为何对于侦探小说如此着迷呢?这其中有一些原因。表面上看,出色的侦探小说特别吸引人,可以让人们从工作压力和繁忙的工作日程中解脱出来。实际上侦探故事最吸引我的是解决谜题的挑战。开始时,每个案件看上去都令人困惑,有个长长的嫌疑人名单。随着故事展开,侦探发现了一些线索(曾经出现在我眼前,但被我忽视了),将这些线索整齐排列编织成一个无可隐藏的犯罪证据网。在这段时间里,一旦开始读一本侦探小说,我就在脑海中列出一个嫌疑人名单,并开始密集查找线索。对我来说,读一本神秘小说的最大乐趣是比侦探更快地解决问题。

追溯过去，我经常在想，是否对侦探小说的爱好提高了我对投资的兴趣。解决神秘问题和为证券准确定价基本上是一样的方法。两个都是谜题，侦探寻找证据以确认嫌疑人是否有罪，证券分析师收集财务信息和行业情况，确定市场在特定时间给出的股价是否准确反映了公司价值。

在2000～2002年熊市之后不久，我决定从学术角度研究一下，看看是否能从侦探小说中过滤出一些对投资有益的教训。[12]我的第一站是曼哈顿中心的"神秘书店"，目标是会见书店主人奥托·潘兹勒（Otto Penzler）——神秘世界的一位传奇人物。在我问及谁是当今最伟大的侦探时，他毫不迟疑又非常聪明地答道：奥古斯特·杜宾（Auguste Dupin），夏洛克·福尔摩斯和布朗神父（Father Brown）。奥托认为这三人可以被视为最伟大的侦探。

最伟大的侦探定义首先而且主要是由于他们的超级智商。他们拥有超级机敏的头脑，让他们可以鹤立鸡群，使他们从干这一行工作的众多聪明人中脱颖而出。总之他们是思维巨人。

总之，伟大的侦探家不是因为工作勤奋，不是因为更幸运，不是因为他们比别人跑得更快，功夫更高，射击更准而抓住疑犯，而是因为他们更擅长思考。让我们看看这三位侦探，列出他们各自的思考习惯。

奥古斯特·杜宾是埃德加·爱伦坡（Edgar Allan Poe）笔

下塑造的人物。这个人物第一次出现在 1841 年发表的《莫格街谋杀案》(*The Murders in the Rue Morgue*) 一文中，这篇文章被认为是第一篇侦探小说（也使得杜宾成为第一位侦探）。他还出现在爱伦坡 1842 年小说《玛丽·罗热疑案》(*The Mystery of Marie Roget*) 和 1844 年小说《被窃之信》(*The Purloined Letter*) 中。

如果我们仔细研究杜宾的方法，会学到什么经验呢？

（1）开发出一套分析方法；不自动接收常规智慧。

（2）进行彻底深入的调查。

我们的第二位伟大侦探夏洛克·福尔摩斯，毫无疑问是最受欢迎的和所有小说中最著名的侦探。这个人物是由苏格兰作家和外科医生亚瑟·柯南道尔（Arthur Conan Doyle）爵士创造的。福尔摩斯第一次出现于作者 1887 年的小说《血字的研究》(*A Study in Scarlet*)。柯南道尔的 56 篇短篇小说和 4 部长篇小说都以这位高深莫测的杰出的侦探为主角。

我们通过研究福尔摩斯的方法可以学到什么经验呢？

（1）从客观和非情绪化的观点入手调查。

（2）关注最细微的细节。

（3）对于新的甚至相反的信息保持开放心态。

（4）对你所了解的一切进行逻辑推理。

最后一位是布朗神父。尽管没有夏洛克·福尔摩斯那么知名，布朗神父很快就成了文学评论的关注对象，这也许是因为这个人物是由著名的受人尊崇的英国小说家 G. K. 切斯特顿（G. K. Chesterton）创造的。布朗神父第一次出现在一篇名为《蓝十字架》(*The Blue Cross*) 的小说中，后来成为 51 篇小说的主人公（之后被编成 5 本书）。

布朗神父教会了我们什么呢？

（1）学习心理学。

（2）相信自己的直觉。

（3）寻找多种解释和重述事件。

娱乐与教育并重，轻松之中孕育深刻见解，从现实压力中逃离，获得新的思考方式。这就是我们从这三位大侦探和许多其他人物身上获得的教益。你可能喜欢其他人物，正如我之前讲过的，我也欣赏许多现代作者写的侦探小说。不管你们喜欢读谁的书，我无法想到还有其他活动能如此轻松地提供这么多的好处。

■■ ■■

如果高中毕业的 SAT 成绩具有指标作用，我们有可能失去整整一代读者。高中高年级的阅读分数目前达到了有史以来最低点。不只是学生在阅读上面花费时间甚少，他们对于所读的内容的理解程度也比较低。很难量化我们所面对的知识灾难。可以说，我们作为个人投资者所面临的惩罚，无论是智力还是财务方面，都是惨痛的。

其实情况本来可以不至于此。伊利诺伊州威顿学院的英文教授艾伦·雅各布斯（Alan Jacobs）——《我该如何阅读》(*The Pleasures of Reading in an Age of Distraction*) 的作者认为："阅读的理由并未丧失。"在他心目中，阅读应该是一项愉快的活动。"我们应该有目的地阅读，"他说，"而不是为了阅读而阅读。"[13]

阅读有益思维。即便你有幸接受过本杰明·富兰克林提倡的广泛教育，并在圣约翰这样的学院读过书，仍会希望在有生之年能够继续阅读。探索具有挑战性的观点可以让大脑保持兴奋、开放和活力。如果你接受的教育是特定的和"实用性"的知识而非广泛理解的话，那么就得依靠你自己去做其他的事情——填补你的教育所未提供的那部分知识。无论你属于哪种情况，如果你会应用分析阅读方法，那么过程会比较容易，而成果会更为丰硕。

我希望向你担保，这种阅读方法会自动将查理·芒格的通识智慧赋予你。但是这不可能。只有阅读本身还不够，你必须将自己全身心地投入其中，让阅读在你身上发挥作用。实际上，你越是努力理解和吸收内容中的精华，阅读对你产生的影响也就越深。正如查理自己说的："好的阅读可以让你更进一步，如果你做到了，你获得的思想会发挥更大的作用。"[14]

但是假如你仍然对此抱有怀疑，为进行更多的阅读而担忧——特别是害怕读那些你觉得太难的内容，就再听一下查理是怎么说的：

我相信……去理解那些公认的最好的书籍而不是干坐着梦想不劳而获……如果你像达尔文那样——保持极大的耐心，一步一步去做，你就不会觉得有那么困难。你会惊讶于自己所获得的收益——不仅限于财务方面，在其他方面也是如此，如果你能这么做的话……[15]

第8章

数　　学

夜莺栖息在大树上,像往常一样唱着歌。饥饿的鹞子见了,便飞过去把它捉住。夜莺临死时,请求鹞子放了它,说自己填不满鹞子的肚子,如果鹞子真的缺少食物,就应该去寻找更大的鸟。鹞子回答说:"我如果放弃到手的猎物,而去追求那渺茫的东西,岂不成了傻瓜了!"

毫无疑问,你一定读过这篇《鹞子与夜莺》的寓言,而且你应该知道这个故事的寓意是:"一鸟在手,胜过二鸟在林。"

这篇寓言是伊索的作品,据信他是一位生活在古希腊(公元前620—公元前560年)的奴隶,同时也是位讲故事高手。从那以后,这篇寓言出现了很多个版本,到处流传。在《良善行为指南》里,休·罗兹(Hugh Rhodes)提出:"手中一只鸟,顶得上林中的十只鸟。"几年后,约翰·海伍德(John Heywood)在著作《有关英语中所有包含数字的谚语的谈话》中写道"一鸟在手,胜过十鸟在林"。最终是约翰·雷(John Ray)在《谚语手册》中给出了第一个完整的经过改良的版本,这个说法至今仍是权威解释:"一鸟在手,胜过二鸟在林。"但是我最欣赏的说法来自沃伦·巴菲特:"一个坐在我车中的姑娘,胜过五个电话联系簿上的姑娘。"

我非常确定当伊索在2 600年前写下《鹞子与夜莺》这

篇寓言时,他不知道自己订下了一条投资界必须遵守的戒律。

听听巴菲特怎么说:"我们用来评估股票和企业的公式是一致的。实际上,用于评估买来的资产可以产生财务收益的公式,自大约公元前600年第一次出现以来,始终没有改变过。奇迹是伊索和他流传已久但也许并不全面的观点'一鸟在手,胜过二鸟在林'。为了说明这个原则,你只需回答3个问题。你有多肯定树林中有鸟?它们何时会出现以及有多少只?无风险利率是什么?如果你能够回答这3个问题,你将知道这个树林中的鸟的最大数量。当然,鸟只是个比喻,你应该想的是美元。"[1]

巴菲特继续说,伊索的投资格言是不朽的。不管你将其用在股票、债券、制造企业、农场、石油特许权或是彩票上都是如此。巴菲特也指出,伊索的"公式"一直延续到蒸汽机、电力、汽车、飞机和互联网的降生。巴菲特说,你所要做的事情就是加入正确的数字,所有投资机会的吸引力就将自动排出顺序。

在这一章,我们将复习一些在聪明投资中使用的重要的数学概念:计算现金流折现、概率论、方差、均值回归以及不确定性风险。我们要回顾一些在前面章节里所学的内容,了解这些概念的起源,它们是如何演变的,以及它们对于投资者形成格栅思维有何贡献。

你可能想起了在哲学那一章里，我们将约翰·伯尔·威廉斯的折现现金流理论称为决定价值的最佳模型。我们也承认这个模型使用起来并不容易。你需要计算公司未来的成长率。你还得确定公司在未来能够产生多少现金。你还必须使用合适的折现比例。（从记录上看，巴菲特使用的是无风险利率，即10年期美国国债的利率，而现代组合理论在这个无风险利率基础上又加上了一个权益风险溢价。）

由于有这些困难，许多投资者放弃了这个模型，退而求其次，选择了二阶模型，比如市盈率、市账率或者派息率。巴菲特对这些模型都不感兴趣。这些数学比例，他说道，对于指明价值没有任何意义。充其量它们只是在投资者不能够或不愿意使用折现现金流模型时所使用的价值相对指标。

巴菲特对于每家他将投资的公司及其所在的行业，都会投入大量的时间精力去研究。他也会仔细观察管理层的行为，特别是管理层对于配置资金的想法。[2] 这些都是重要的变量，但大多也是很主观的衡量方法。因此，其中也不怎么用到数学计算。巴菲特应用于投资的数学原理很直截了当。他经常提到自己可以在一只信封的背面完成大多数业务的估值计算。首先，列出现金，第二步，估计业务期的长短及业务期内现金增长的概率,然后对现金流进行折现,得出现值。

为了理解如何计算到最后一步,我们回头看看大萧条时代。

::: ::: :::

1923年,一位名叫约翰·伯尔·威廉斯的年轻人入读哈佛大学,学习数学和化学。毕业后,受到20世纪20年代股市狂潮的吸引,他成了一名证券分析师。对于华尔街的一片牛市看法,威廉斯感到疑惑,而且觉得缺少一个决定股价内在价值的理论框架。在1929年市场崩溃之后,大萧条也紧随而至,威廉斯回到哈佛大学攻读经济学博士学位。他想弄清楚是什么原因造成了这场灾难。

在选择研究方向时,威廉斯咨询了他的导师约瑟夫·熊彼特。你可能还记得我们在生物学那一章提到过的熊彼特教授吧。熊彼特教授考虑到威廉斯的工作背景,建议他研究如何确定普通股的内在价值。1940年,威廉斯通过博士论文答辩,顺利毕业。令人惊讶的是,他那篇以"投资价值理论"(The Theory of Investment Value)为题的论文,在他获得博士学位两年前就由哈佛大学出版社作为专著出版了。

威廉斯的第一个挑战是应对大多数经济学家的普遍观点,当时他们认为金融市场和资产价格主要取决于所有投资者低于资本回报的预期,这里的投资者是个集体概念。换言之,价格来自看法和观点,而不是经济学。这个观点类似于约翰·凯恩斯那个著名的"选美比赛"论断。在《就业、利息和货币通论》(1936)第12章,凯恩斯对于股票市场的价格波动提出了自己的解释。他认为,投资者挑选股票就像一家报纸举办一场选美比赛,要求人们从6张照片中选出最美的女人。赢得比赛的技巧,凯恩斯说,不在于你挑出了你心中最美的候选人,而是你要猜得到大众认为哪个女人最美。

但是威廉斯相信金融市场的价格最终是资产价值的反映。是由经济决定的,而不是依靠看法和观点的。为了证明他的结论,威廉斯从市场的时间序列(技术分析)转向寻找测量资产价值各组成部分的方法。与预测股票价格不同,威廉斯相信投资者应该关注企业的未来收益。他提出资产的价值应该通过"评估其现有价值"而加以确认。换言之,一只普通股的内在价值,是投资期内未来现金流净值的现值。

在书中,威廉斯承认,他的理论是建立在其他人研究的基础之上的,他说,内在价值的概念来自基尔德、威斯、赫德和布朗所写的一本名叫《股票增长和贴现表》(*Stock Growth and Discount Tables*,1931)的书。此外,威廉斯还受益于D.普兰莱希(D. Preinreich)《红利的本质》(*The Nature of Dividends*,1935)的数学附录。采用同样的方法,威廉斯展示了如何使用公司未来预期增长对公司分红进行预测。尽管威廉斯没有发明"现值"这个思想,但他被看作贴现现金流概念的发明者,主要是因为他提出了一个叫作"代数预算"的模型和预测方法。

如果读者仍对于未来现金流的折现值感到疑惑的话,想想债券是如何做估值的。一只债券既有票息(现金流),也有到期日,使用这两个条件就可以确定其未来现金流。如果你把所有票息加总,再除以一个合适的比率,就可以得出这只债券的价格。你可以用同样的方法确定一项业务的价值。但是不用计算票息,计算该业务在未来一段时间所产生的现金流,然后再折现到今天即可。

你可能会问自己,如果未来现金流折现的现值就是决定价值的不二法则,为何投资者还要依赖于相对估值因子和二阶模型呢?因为预测一家公司的未来现金流是非常困难的。我们几乎可以准确地计算一只债券的未来现金流——这种计算是基于合同的条款规定。但是一个商业项目并不能通过合同产生固定利率的收益。商业项目努力盈利,但是有很多外力——变化莫测的经济,激烈的竞争,打破行业秩序的创新者,都使得对未来现金流的预测难言精确。但这并不是我们放弃努力的借口,正如巴菲特常说的:"宁要模糊的正确,不要精确的错误。"

是的，预测增长率和现金流只能给我们一个近似结果，但是也有数学模型可以帮助我们研究这些不确定性，让我们能够确定资产的真实价值。这些模型帮助我们量化风险，更好地寻求近似答案。

※ ※ ※

我们可以追溯到 800 年前印度 – 阿拉伯计数系统，从中找到有关风险的基本概念，关于风险的严肃研究则始于欧洲文艺复兴时期。1654 年，一位法国嗜好赌博的贵族舍瓦利耶·德·梅雷（Chevalier de Méré），用一个难题挑战著名的法国数学家布莱士·帕斯卡（Blaise Pascal）："在一个未结束的概率游戏里，当一个玩家已经领先时，你如何分配筹码？"

帕斯卡是他父亲教育出来的神童，他的父亲也是数学家，在上诺曼底地区的首府鲁昂担任税务征收官。很小的时候，帕斯卡已经显示出了与众不同。在游戏室的地板上，他自己通过画图，发现了欧几里得几何学。在他 16 岁那年，帕斯卡写了一篇有关椎体的数学论文，这篇论文是如此前沿和详尽，连笛卡尔都说给自己留下了深刻印象。18 岁那年，帕斯卡开始鼓捣一种被称为计算器的东西。经过 3 年的工作和做了 50 多个样品之后，帕斯卡发明了一个机械式计算器。又过了 10

年,他造出了20台被称为"Pascaline"的计算机。

德·梅雷的"分赌注问题"早已为人熟知。早在200年前,僧侣卢卡·帕乔利(Luca Pacioli)就提出过同样的问题,200年过去了,这个问题依然没有答案。帕斯卡没有被吓倒,而是去找律师皮埃尔·德·费马(Pierre de Fermat)寻求帮助,费马也是一位杰出的业余数学家。费马发明了解析几何学,对于微积分的早期发展也做出了贡献。他用业余时间研究了光的反射、光学以及如何计算地球的重量。帕斯卡不可能找到比他更好的智力合作者了。

帕斯卡和费马通了很多信函,最终形成了今天被称为概率论的理论基础。在《与天为敌》(Against the Gods)㊀这本关于风险的杰出著作里,彼得·伯恩斯坦写道,这些通信"是数学史和概率论上的开创性事件"。[3] 尽管他们在解决这个问题时采用了不同的方法——费马使用的是代数学,而帕斯卡借助于几何学,两种方法都可以构建出一个体系,为未有结果的事物决定几种可能的概率。实际上,帕斯卡的数字三角形㊁直到今天都能被用于解决很多问题,包括你最喜爱的棒球队在丢掉第一局的情况下仍能赢得世界锦标赛的概率。

帕斯卡和费马所做的贡献,标志着我们现在称为决策理

㊀ 此书中文版已由机械工业出版社出版。
㊁ 在中国称为杨辉三角形、贾宪三角形,是二项式系数在三角形中的一种几何排列。——译者注

论的肇始——即面对不确定的未来,我们能够做出优化决策的过程。"做出决策,"伯恩斯坦写道,"是管理风险所需做的最基本的第一步。"4

我们现在了解概率论是强大的预测工具。但是正如我们所知,魔鬼隐藏在细节中。在我们这个案例里,细节就是信息的质量,构成了概率估计的基础。第一个科学思考概率和信息质量的人是雅各布·伯努利(Jacob Bernoulli),他来自一个著名的荷兰-瑞士数学世家,这个家族还包括约翰·伯努利(Johann Bernoulli)和丹尼尔·伯努利(Daniel Bernoulli)。

雅各布·伯努利确认了为赌博游戏计算概率和各种生活疑难问题的概率是不同的。正如他指出的,你无须亲自去转轮盘来指出小球落在数字17上的概率。但是在现实生活中,相关的信息对于理解一个结果出现的概率是必需的。伯努利解释说,大自然的模式只是部分确定的,所以概率从本质上应该被看作确定性的程度,而不是绝对的确定性。

帕斯卡、费马和伯努利在发展概率论方面都做出了重要贡献,另一位数学家托马斯·贝叶斯(Thomas Bayes)则奠定了将概率论应用于实践的基础。

托马斯·贝叶斯(1701—1761)既是一位长老会牧师,也是一位天才的数学家。他的出生晚费马100年,晚帕斯卡78年,他一直默默无闻地住在伦敦南部的肯特郡。因为和艾萨克·牛顿几乎同时发表了有关微积分的论文,他于1742年当选为英国皇家学会(Royal Society)会员。在他的一生中,他没有发表其他数学论文。尽管如此,他在遗嘱中写明在他死后,要将其一篇文章的草稿和100英镑赠予理查德·普赖斯(Richard Price),他是附近纽文顿格林的传道士。在贝叶斯去世两年后,普赖斯将论文"关于概率中某一问题的解"副本寄给了英国皇家学会的会员约翰·坎顿(John Canton)。在这篇论文中,贝叶斯奠定了统计推理方法的基础——这个问题首先由雅各布·伯努利提出。1764年,英国皇家学会在《哲学汇刊》上发表了贝叶斯的论文。按照彼得·伯恩斯坦的说法,这篇论文是一个"令人惊讶的原创作品,奠定了贝叶斯在统计学家、经济学家和其他社会学家中的不朽地位"[5]。

贝叶斯定理非常简单:当我们根据新信息更新我们的初始结论时,我们获得了新的改进后的结论。在莎伦·伯奇·麦格雷恩(Sharon Bertsch McGrayne)写的关于贝叶斯的书《不死的理论》(The Theory That Would Not Die)中,她说,"我们根据客观信息改变意见:初始结论+最新的客观数据=新的改进的结论"。后来的数学家为这个方法的每一步确定了术语。先验概率指初始结论的概率,似然概率指基于最新客观数据得到新的假设概率,后验概率是指新的修改后结论的概率。麦格雷恩告诉我们:"每次系统会被重新计算,后验概率变成下一轮迭代的先验概率。这是一个演化系统，随着新的信息一点点地增加，结论也越来越接近确定无误。"[6]达尔文笑了。

贝叶斯定律给了我们一个数学方法，去更新我们初始的结论，并改变了相应的概率。下面是一个简短易懂的关于这个定律如何使用的示例。

我们假设你和一位朋友花了一下午时间玩游戏，在游戏结束的时候，再随便聊一些别的事情。朋友说的一番话导致你投下了一个友好的赌注：掷一次骰子得到数字6。直接算出的概率是1/6，即概率为16%。但是假设朋友马上掷了一次骰子，快速用手盖住，悄悄看过，她说："我能告诉你的就是这是一个偶数。"根据这个新信息，你的概率变为1/3，33%的机会。当你正在考虑是否要改变赌注时，你的朋友开玩笑地加了一句："不是4。"现在你的概率又变为1/2，即猜对的机会为50%。在这个非常简单的过程中，你已经做了一个贝叶斯分析。每一次新信息都影响了原来的概率。

贝叶斯分析就是尝试把所有可以得到的信息纳入进行推理或决策的过程。大学采用贝叶斯定律帮助学生学习决策过程。在课堂上，贝叶斯方法被称作更为通俗易懂的"决策树"，每一条树枝代表了新的信息，反过来，改变了决策的概率。"在哈佛商学院，"查理·芒格解释道，"第一学年的学生，做得最多的数量化练习就是被他们称作决策树的理论。他们所做的就是将高中所学的代数用于解决现实生活中的问题。学生们很喜欢这种练习，他们惊奇地发现高中代数在生活中用得着。"[7]

现在让我们把贝叶斯定理加入威廉斯的折现现金流模型中，我们已经知道应用这种方法的一个挑战是未来的不确定性。概率论和贝叶斯定理帮助我们克服了这种不确定性。而对于折现现金流模型，还有一个质疑是对于在非线性世界中运营的公司的经济回报，却采取了线性外推的方法。模型假设在折现的未来数年里，现金增长率将维持在不变的水平。但是这种情况——任何一家公司都能产生可精确预测的不变的回报率，显然是不太可能发生的。经济总是起伏不定，消费者是易变的，竞争很残酷。

投资者如何根据这些可能性对估值进行修正呢？

答案是扩展你的决策树，以容纳不同的时间区间和增长率。比如说，你想确定某家公司的价值，已知该公司过去一年现金增长率为10%，你可能很合理地假设该公司在未来5年有50%机会保持同样的增长率，有25%机会达到12%增长率，还有25%机会达到8%增长率。接着，由于经济环境会引发竞争和创新，你可能降低未来第6～8年的增长率假设，假设达到8%增长率的概率为50%，6%增长率的概率为25%，还有25%的概率达到10%增长率。然后再为第9年和第10年做出假设。

对于概率的解释可以分为两个大类别：其一是物理概率，更常用的叫法是频次概率，通常与在长时期里可以产生巨量数据的系统在一起，例如轮盘赌、抛硬币、掷骰子和纸牌游戏，但是频次概率也可以包括对汽车事故和人寿保险的概率估算。是的，汽车和驾驶员是不同的，但在特定地区驾驶汽车的人之间具有足够明显的相似性，能够在几年时间里产生海量的数据，并给出类似频次的解释。

当事件出现的频次在一段时间里不够多，不足以分析结果时，我们必须求助于事件的概率，通常指的是主观概率。重要的是记住，主观概率能在任何情况下使用，即便在不包括随机过程的情况下，作为一种表达"主观"倾向性的方式。根据贝叶斯分析的教科书，"如果你相信自己的假设是合理的，完全可以对某个确定的事件给出一个等于频次概率的主观概率"。[8] 你需要做的只是根据合理性，把不合理和逻辑有毛病的筛除掉。

主观概率不是基于精确的计算，通常是由有知识的人做出的合理推断。不幸的是，当涉及金钱时，人们并不总是能够保持理性。我们也知道主观概率可能包含了很多个人偏差。

任何时候在使用主观概率的时候，重要的是记住我们有机会犯的行为金融错误和个人思维偏差。决策树只是在输入有用的时候才起作用,而静态概率——还没有被更新的概率没有多少价值。只有不断根据客观信息更新概率,决策树才能起到作用。

不管是否认识到此点,实际上,决策者所做的决定都是概率练习题。为了成功,重要的是他们对概率的描述应该包括历史记录和最新的数据。这就是贝叶斯分析的用武之地。

∎ ∎ ∎ ∎

在克劳德·香农写出"通信的数学理论"之后的 8 年(第 5 章),贝尔实验室的年轻科学家詹姆斯·拉里·凯利(James Larry Kelly Jr.)研究了香农那篇著名论文,并在此基础上提出了新概率论。[9]

凯利曾与香农一起在贝尔实验室工作,所以仔细研究过香农的数学模型。香农的论文提出了一个最优数量的信息的数学公式,用于计算信息通过铜线传输的成功概率。凯利指出香农的各种传输率以及关于一个机会事件的可能结果,基本上是一回事——概率,同一个公式可以优化这两个问题。他在一篇名为"信息率的新解释"论文中提出了自己的想法,这篇文章于 1956 年发表在《贝尔系统技术月刊》(The Bell Systems Technical Journal)上,打开了帮助投资者做出组合决定的数学之门。[10]

被应用于投资的凯利准则，也被称为凯利优化模型，被视为优化成长策略。它可以计算出一系列赌注的优化规模，随着时间推移，组合的增长率将达到最大值。该模型建立在一个简单的思想之上，即如果你了解成功的概率，你可以用一小部分存款获得最大的增长。用数学公式表示为：$2p-1=x$，即2倍的成功概率减去1等于可以用于赌注的存款的比例。例如，如果打败赌场的概率是55%，你应该用存款的10%去做赌注，以使赢得的钱达到最大值。如果赢率是70%，那么就拿出40%存款去赌。如果你知道赢率是100%，模型会告诉你，把全部存款都拿去做赌注。

爱德华·奥克利·索普（Ed Oakley Thorp）是一名数学教授，也是玩21点的高手，还是对冲基金经理和作家，是将凯利准则应用于赌场和股票市场的先驱。索普1959～1961年曾在麻省理工学院工作，在那里遇到了克劳德·香农。读过凯利的论文，他立即着手证明凯利的方法是否真的适合自己。索普学过Fortran编程语言，所以他可以用大学的计算机将凯利的方法编成程序，解决打扑克中遇到的各种概率方程。

索普的策略建立在一个简单的概念之上。当桌面上已经出现10张牌时，亮牌面，打牌人在统计上比发牌人占优势。

如果你给大牌设定 –1 分，给小牌设定 1 分，就能很容易记住出过的牌：只需随时心算，在每张牌出现后做加减法就可以了。当计数变为正数时，你就知道还有更多的大牌还没出现。聪明的打牌人会等到计数值达到较高的数字时，再下较大的赌注。

索普继续改进扑克牌计数系统。他修改计算机程序以便用凯利准则确定每次下注的权重。不久之后，他去拉斯维加斯实地检验了他的理论。他以 10 000 美元起步，第 1 周就翻了 1 倍。他声称本来可以赢得更多，但是引起了赌场的注意，他被赶出去了。

几年后，索普成为 21 点爱好者中的名人，当人们知道他是用一台破电脑来下注的，他立刻名声大噪。这台由他和克劳德·香农共同开发的设备，是第一台用于赌博的电脑，现在会被认为属于非法。因为不能继续将他的数学理论应用于赌场，1962 年，索普把自己在拉斯维加斯赌博的经验写成了《击败庄家》㊀（Beat the Dealer），该书成为《纽约时报》最佳畅销书，卖出了 700 多万册。直到今天，这本书仍被视为原汁原味的记牌和下注手册。

凯利准则已经成为主流投资理论的一个组成部分。有些人相信沃伦·巴菲特和 PIMCO 的著名债券投资经理比

㊀ 该书已由机械工业出版社出版。

尔·格罗斯也使用凯利准则管理他们的投资组合。威廉·庞德斯通在他 2005 年的书《赌神数学家》中㊀，更进一步普及了凯利准则。尽管凯利准则具有学术血统和简单的公式，我还是要提醒：凯利准则只能用于最有经验的投资者，甚至对他们也有所保留。

理论上，凯利准则在以下两个方面是优化的：①达到一定水平的输赢所需的最少时间；②财富提升的最大比率。例如，两位 21 点游戏者，每人有 1 000 美元，24 小时都在玩这个游戏。第 1 个游戏者每手牌只能下注 1 美元，第 2 个游戏者可以根据手中牌的好坏改变赌注。如果第 2 个人遵从了凯利准则，根据赢率下注的话，很可能在 24 小时之后他的成果要远好于第 1 个人。

当然，股票市场远比玩 21 点复杂，后者只有有限张牌，所以可能出现的结果也是有限的。股票市场有数千家公司和几百万投资者，以及大量可能出现的结果。使用凯利准则和贝叶斯定理，需要不断重新计算概率和调整投资流程。

因为在股票市场我们处理的概率都是小于 100%，总有机会出现亏损的结果，使用凯利准则，如果你算出有 60% 的赢率，就会拿出 20% 的资产进行赌博，即便只有 2 ～ 5 次赌输的机会，但还是有可能出现。

㊀ 该书已由机械工业出版社出版。

凯利准则中有两个缺点经常被忽略：①你应该有无限的存款；②有无限的时间区间。当然，没有哪个投资者拥有这两个条件，所以我们需要修改凯利准则。还要说明的是，给出的答案是以简单算术的形式给出的数学结果。

为了避免"赌徒毁灭"的结局，你可以通过减少赌注将风险最小化——对凯利准则进行折中处理。例如，如果凯利模型要你将资产的10%下注（表示成功概率有55%），你可以选择只投资5%（计算结果的一半）或者2%（计算结果的一小部分）。减少赌注可以为组合管理提供安全边际，同时，我们通过选择个股，可以获得双重保护和一个舒适的心理水平。

由于过度赌博的风险远大于对减少赌注的惩罚，投资者绝对应该考虑将应用凯利准则算出的结果进行缩减处理。不幸的是，最小化赌注也带来了潜在收益的最小化。由于凯利模型具有抛物线性质，所以对减少赌注的惩罚并不严重。凯利折半法，即把算出的赌注减少一半，只会将盈利增长率减少25%。

"凯利准则适用于那些只想看到资产随时间大幅增长的人，"索普说，"如果你有大量时间和足够的耐心，这个工具正适合你用。"[11]

∷ ∷ ∷

美国著名的古生物学家和进化生物学家史蒂芬·杰伊·古尔德在 40 岁的时候,被诊断出腹部皮脂瘤(abdominal mesothelioma),这是一种少见和严重的癌病变,他很快做了手术切除。术后古尔德问医生他应该读什么书才能对这种疾病了解更多一些。医生告诉他:"没有书介绍过这种病。"[12]

古尔德没有放弃,他一头钻进哈佛康特维医学图书馆,将"皮瘤"这个词键入计算机,在花了 1 小时阅读了几篇最新文章后,古尔德理解了他的医生的说法。所有信息都是直白的:皮瘤是不治之症,存活期中位数只有 8 个月。古尔德惊呆了,坐在那里无法动弹,直到脑子重新恢复清醒,他笑了。

8 个月的中位数存活期意味着什么?中位数就是一串数字中间的那个数。无论怎么分组,有一半数字会比中位数小,另一半数字比中位数大。在古尔德这个案例里,一半被诊断出皮瘤的人会在 8 个月内死亡,而另一半的存活时间将比 8 个月更长。(另两个表示中心趋势的量值是均值和众数。均值是将所有数加总之后再除以数据个数,得到一个简单平均数。众数指的是出现最多的数值。例如,在数字串 1,2,3,4,4,4,7,9,12 中,4 就是众数。)

大多数人将均值看作现实,而很少考虑可能的偏差。用这种方式看问题，"8个月死亡中位数"意味着他将在8个月后死亡。但是古尔德是一位生活在差异世界的演化生物学家。让他们感兴趣的不是发生事件的均值，而是系统随着时间变化而产生的差异。对他们来说，均值和中位数只是抽象数字。

我们大多数人倾向于将世界看成具有正态分布的特征，两边各有一个均等的尾部，均值、中位数和众数是一致的。但是正如我们已经知道的，大自然并不总是这样规规矩矩地符合正态对称的分布，而是有时向某一方倾斜。这种分布根据尾部延长的方向分为左偏或右偏。

古尔德这位生物学家没有把自己看作一个普通的皮瘤患者，而是作为皮瘤患者群体的一个个体。通过深入调查，他发现患者的存活期是明显右偏的，意味着存活期超过8个月的人的实际存活时间要远比8个月更长。

是什么原因导致了分布左偏或者右偏呢？一句话，是差异。当中位数的某一边差异增大时，钟形曲线这一边就会被拉长。继续看古尔德的病例，那些存活期超过8个月的患者表现出了更高的方差（许多人不只是多活了几个月而是几年），这些人将存活期的分布拉向了右边。在这个右偏分布中，对于中心趋势的测量不是偶然的，中位数处于众数的右边，均值在中位数的右边。

古尔德开始考虑这些构成了右偏分布的患者群体的特征，

他们的存活期都超过了中位数。毫不奇怪,他们都很年轻,大多健康状况良好,并及早诊断出了病症。古尔德的情况也是如此,所以他推算自己也有机会有远远超过 8 个月的存活期。实际上,古尔德又活了 20 年。

"我们的文化里具有一种忽视或者忽略差异的强烈偏差,"古尔德说道,"我们倾向于只关注中心趋势,相当实用主义,结果经常是犯一些很可怕的错误。"[13]

投资者从古尔德的经历中得到的最重要的经验是关注系统趋势和系统内部趋势之间的差别。换一种说法,投资者需要理解股票市场平均回报水平与单只股票表现的差别。对于投资者而言,处理差别的最简单的方法是研究横盘市场(sideways markets)。

大多数投资者经历过两种股票市场——牛市和熊市,即升市或者跌市。但是还有第 3 种人们不太熟悉的市场类型,被称为横盘市场——随着时间变换,价格几乎没有发生改变。

一个非常知名的横盘市场案例发生在 1975～1982 年。1975 年 10 月 1 日,道琼斯工业指数站上了 784 点。差不多 7 年之后,1982 年 8 月 6 日,道指再次非常接近 784 点。尽管在这段时间里,名义收益已经增长了,但是价格却下跌了。在 1975 年底,标普 500 的连续市盈率倍数接近 12 倍,而在 1982 年秋天,已经跌到了大约 7 倍。

一些股市预测者试图将曾经发生的事情与未来可能发生的情况进行类比分析，考虑到企业利润增长率和脆弱的全球经济复苏之间存在不协调，一些人害怕货币管理当局的大规模刺激会造成商品价格上涨、通货膨胀和美元贬值。这反过来会刺激股票市场，导致市盈率下跌。最终，投资者可能面临市场长期疲软，而他们被劝告最好避免投资股市。

当我第一次听到这样的说法——我们可能面临一个类似20世纪70年代晚期的横盘市场状况，最好避免投资股票时，我感到很疑惑。横盘市场真的无法让长期投资者获利吗？沃伦·巴菲特在这段时间里已经创造出了辉煌的收益，而且他的朋友和哥伦比亚同班同学比尔·鲁安（Bill Ruane）也是如此。1975～1982年，巴菲特的伯克希尔-哈撒韦公司创造出了累计达676%的总回报，鲁安和合伙人里克·坎尼夫（Rick Cunniff）的红杉基金创造了415%的累计回报。他们是如何在一个横盘市场中获得如此出色的业绩的？我决定做更深入的研究。

首先，我查阅了1975～1982年市场上市值最大的500只股票的投资回报，特别关注了那些为股东创造了显著收益的股票。在8年的时间里，只有3%的股票在1年中价格上涨了1倍以上。当我把观察时间延长到3年时，结果更让人激动：在这3年里，18.6%的股票，也就是500只里有93只股票价格翻了一番。然后再延长到 5 年，结果更令人惊讶，有高达 38% 的股票，即 500 只里有 190 只股票的价格上涨超过了 1 倍。[14]

用古尔德的话说，投资者观察到了 1975～1982 年的股市情况，并关注于市场均值而形成了错误结论。他们错误地认为市场处于横盘状态，而实际上市场的差异非常大，有大量机会赢得超额回报。古尔德告诉我们"将整栋房子抽象为单一符号（平均值），然后追踪其随时间变换的轨迹的旧式柏拉图策略，通常会导致错误和困惑"。因为投资者有"确认趋势的强烈愿望"，通常会导致他们"发现一个根本不存在的趋势"。其结果是，我们完全误读了系统中扩大或者收窄的差异。"在达尔文的世界里，"古尔德说，"差异代表了基本现实，而计算平均值是一种抽象手段。"[15]

∷ ∷ ∷

在《证券分析》这本书的扉页上，本杰明·格雷厄姆和戴维·多德引述了古罗马诗人贺拉斯的一段话："现在已然衰朽者，将来可能重放异彩；现在备受青睐者，将来却可能日渐衰朽。"正如伊索并不了解他的寓言"鹞子和夜莺"是折现现金流模型的文学化比喻，我也敢肯定贺拉斯也没意识到他写出了均值回归的公式。

当你听到有人说,"都达到了平均水平",这是对均值回归的一个口语化说法,是一种统计现象,其核心是描述特别高或者特别低的数值逐渐向中间值靠拢的趋势。在投资中,这是指很优秀或很糟糕的业绩都不太可能持续,稍后可能会向相反方向转变。(这就是为何有时被称为向均值回归的原因。)均值回归,正如彼得·伯恩斯坦指出的,是很多说教的核心说法,比如"世事有起有落""骄兵必败"。约瑟夫对法老的预言是7年丰收之后将有7年灾荒。而且伯恩斯坦告诉我们,这也是投资的核心思想,因为均值回归是一种常见策略——经常被用于甚至是被过度用于选股和预测市场。

我们可以把均值回归这一数学发现归功于弗朗西斯·高尔顿爵士,他是一名英国知识分子,也是查尔斯·达尔文的外甥。(你可能还记得我们在"社会学"那一章提到过高尔顿和他的称牛比赛。)高尔顿对于商业和经济学毫无兴趣。其实他的一项主要研究是理解为何一个家族的天分能够代代相传——也包括达尔文家族。

高尔顿受到了比利时一位名叫兰伯特·阿道夫·雅克·凯特勒(Lambert Adolphe Jacques Quetelet,1796—1874)的科学家启发,他比高尔顿年长20岁,他建立了比利时皇家天文台,而且精通于将统计方法引入社会科学。他的主要贡献是识别了社会结构和人类的物理特性中存在着正态分布。

高尔顿沉迷于凯特勒的发现——"最令人惊讶的有关均值发散的理论定律（正态分布）是独特的，特别是在测量人体体重和胸围时更是如此"。[16] 他当时正在撰写其最重要的作品《遗传的天才》(Hereditary Genius)，尝试证明是遗传本身而非教育和后天的职业生涯是特殊才能的来源。但是凯特勒的均值发散理论挡在他的路上。高尔顿获得理论进展的唯一方法是解释正态分布中的不同点是如何发生的。他所能做的事就是指出数据是怎样自我组织的，在这个过程中，高尔顿完成了被彼得·伯恩斯坦称为"杰出发现"的成果，对投资界产生了巨大的影响。

高尔顿的第一项实验是关于力学的，他发明了高尔顿钉板，模拟正态分布的性质。他在英国皇家学会展示了自己的想法，他随机放入小球，它们就会以典型的正态分布滚入钉板下面的不同间隔内。之后他研究了花园里的豌豆——或者更具体一些，就是豆荚中的豆子。他对几千颗豆子做了测量和称重，挑出10组豆子寄给在英国各地的朋友，附上具体的种植指引。当这10组豌豆种好时，他发现它们的物理属性也和高尔顿钉板实验中的小球一样表现出正态分布。

这项实验与其他试验，包括父母与子女间身高差别研究，被认为是均值回归或反转。"反转，"高尔顿说，"是从父母类型演变出的理想子女类型的趋势，恢复到可能的平均祖先类型。"[17] 如果过程不是这样的话，高尔顿解释说，那么大豌豆将产出更大的豌豆，而小豌豆的后代也会更小，直到这个世界变成除了最大和最小，其他什么都没有的状态。

J. P. 摩根曾被问及股市未来是什么样子。他答道："将会波动。"当时没有人想到这是描述均值回归的婉转方式。但是这个现在已经非常出名的回复已经成为逆向投资者的信条。他们会告诉你，在均值回归出现前，贪婪会把股价推得越来越高，离它的内在价值越来越远。而恐惧会迫使股价远离内在价值，变得越来越低。系统中的方差会逐步被纠正。

很容易理解为何均值回归会被华尔街当作一个非常普遍使用的预测工具。这是一个可以用于预测未来的简明的数学工具，但是如果高尔顿的法则是正确的，为何预测这么困难？

这个困惑来自3个渠道。第一，均值回归并不总是立即发生。过高估值和过低估值可能会保持较长时间——非常长的时间，远比耐心的理性能够预期的时间还要长。第二，波动性非常高，而偏差也很不规则，使得股价不会自动纠正或者不会很容易回到均值上。第三，最重要的是，在流动性环境中（如市场），均值自身也是不稳定的。昨天的常态不是明天的常态，均值可能会漂移到新的位置。

在物理学体系中,均值是稳定的。我们可以把某个物理实验做 1 万次,而每次都能得到基本一致的均值。但是市场是生物学系统。系统中的代理人——投资者学习并适应不断变化的环境。现今的投资者的行为,他们的想法、意见和推理,与上一代投资者是不同的。

20 世纪 50 年代,普通股的分红水平通常高于政府债券的利息。这是因为经历了 1929 年股市崩溃和大萧条时期的一代人要求更高的安全性,如果他们购买股票的话,会要求得到比债券利息更多的分红。他们可能已经用到了这个术语,但实际上他们采用的是均值回归的简单策略。当普通股的红利接近或者低于政府债券利息时,他们就卖出股票买回债券。加尔顿的法则会重置价格。

当经济在 20 世纪 50 年代重新恢复繁荣时,20 世纪 30 年代遭遇过惨烈股票损失的一代人重新拥抱了普通股。如果你坚信普通股的收益会回到比债券更高的水平,你大概已经亏了钱。一个现代市场的例子:在一系列事件的冲击下,2011 年许多普通股的分红率已经超过了 10 年期美国政府债券。按照均值回归的方法,投资者应该卖出债券换回股票。然而到了 2012 年,债券却继续跑赢股票。这种远离均值的经济偏差会持续多久呢?抑或均值已经偏移了吗?

大多数人认为标普500指数是一篮子很少改变的消极管理的股票。但事实并非如此。标准普尔的筛选委员会每年都会剔除一些公司，再加入新的公司，大约占指数中总公司数量的15%，差不多75家公司会被换掉。一些公司因为被其他公司收购而被剔除，其他被剔除的公司是因为经济表现不佳，已不再符合最大500家企业的标准。新加入的公司通常是行业内健康和有活力的公司，对于经济有正面影响。因此，标普500指数是以达尔文方式演变的，用越来越强大的公司充实自己——适者生存。

50年前，标普500指数主要由制造业、能源和公用事业公司组成，现在占主要地位的是信息技术、医疗保健和金融类公司。由于后三类公司的股权回报高于前一组的三类公司，现在指数的股权平均回报要高于30年前，均值已经发生了漂移。用托马斯·库恩的话说，就是发生了范式转变。

过度强调现状而不理解组成的微妙变化，会导致做出危险和错误的决定。尽管均值回归仍是一个重要的策略，投资者仍认为它是不可违背的策略。股票被认为价格可以高了再高，价格低的股票可以继续下跌。重要的是让你的思维保持弹性。尽管均值回归更可能是市场的错误结果，但它却是神圣不可侵犯的。

德国哲学家和数学家弗里德·莱布尼茨(Gottfried Leibniz,1646—1716)写道,"大自然已经从不断重复的事件中建立了模式,但这只是对于大部分"。[18] 这一章的数学主要是为了帮助投资者理解,以便他们可以更好地预期"重复事件"。但是我们还要面对不确定性、不连续性、不规则性、波动性和肥尾。

美国经济学家弗兰克·H. 奈特(Frank H. Knight,1885—1972)曾在芝加哥大学工作,并被认为创立了芝加哥经济学派。他的学生包括诺贝尔经济学奖获得者詹姆斯·布坎南(James Buchanan)、米尔顿·弗里德曼(Milton Friedman)和乔治·斯蒂格勒(George Stigler)。奈特最著名的著作是《风险、不确定性和利润》(Risk, Uncertainty, and Profit),在书中他尝试将经济风险和不确定性区分开来。他说,风险是一种人们可知其概率分布的不确定,但人们可以根据过去推测未来的可能性。

不确定性有所不同。不确定性意味着人类的无知,我们也不知道其概率分布是怎样的,这是一个更大的问题。奈特的不确定性是不可度量和无法计算的。只有一件事是不变的:

意想不到。

纳西姆·尼古拉斯·塔勒布（Nassim Nicholas Taleb）在他的畅销书《黑天鹅：如何应对不可预知的未来》（*The Black Swan：The Impact of the Highly Improbable*，2007）中将投资者和奈特对于不确定性的注解重新对应了起来。塔勒布笔下的"黑天鹅"事件具有3个特征："①它具有意外性，在通常预期的范围之外，过去没有任何能够确定它发生的可能性的证据；②它会带来重大影响；③虽然它具有意外性，但人类本性促使我们在事后为它的发生编造理由，使其变得可解释和可预测。"[19]

在《黑天鹅》一书中，塔勒布的目标是帮助投资者更好地预防对人类历史、科学、技术和金融等领域产生重大影响的黑天鹅事件。他想让人们关注这类极其罕见的小概率事件具有无法用科学方法加以计算的本质。最后，他想揭示人们对于不确定性和黑天鹅事件的心理偏差和盲目性。

根据塔勒布的说法，他将服从正态分布的可预测性曲线的世界称为"平均斯坦"（Mediocristan），将不服从正态分布，被粗暴的不可预测的强大事件主宰的世界称为"极端斯坦"（Extremistan）。在塔勒布的世界里，"历史不是匍匐前进的，而是跳跃发展的"。

1941年的偷袭珍珠港和2001年的"9·11"事件就是黑

天鹅事件。两件事都超出了预期范围,都带来了重大影响,而在事后都得到了充分解释。不幸的是,黑天鹅这个术语已经被通俗化了,媒体将这个说法用于任何一个不常见的事件上,包括罕见的暴风雪、地震和股市波动。这类事件其实更适合加上"灰天鹅"标签。

统计学家对黑天鹅事件也有一个说法,称为肥尾。《纽约时报》专栏作家威廉·萨菲尔(William Safire)对这个术语是这样解释的:在正态分布中,钟形曲线是中间高而宽,两边逐渐下降,底部变得扁平。在底部出现的极端事件,无论在右侧还是左侧,都称为尾部。当尾部凸起而不是呈现出正态分布的逐渐变平的形态时,这样的尾部被称为"肥尾"。[20] 塔勒布的黑天鹅事件显示出肥尾。在统计学中,距离均值的 5 倍标准差或以上范围里出现的事件被视为极端稀少情况。

和黑天鹅一样,肥尾已经成为专门的投资术语。我们经常会听到投资者不能容忍再发生一次"左侧肥尾"事件。机构投资者正在购买"左尾"保险,对冲基金正在出售"左尾"保障。我认为这个术语一定是被误用了。今天,出现任何与正常有偏差的事件都会被贴上黑天鹅或者肥尾标签。

数学和物理学一样具有诱导性。数学引导我们寻求精确和远离模糊。在对过去进行量化处理以便预测将来可能发生什么的主观认识之间,并不存在清晰的关系。经济学家和诺贝尔奖获得者肯尼思·阿罗(Kenneth Arrow)警告我们,投资风险管理的数学方法中包含了破坏性的种子。他写道,"我们对于事物发展方式的知识,无论是社会的还是大自然的,都充满了模糊认识。对于确定性的观念充满了错误。"[21]

这不是说概率、方差、均值回归和肥尾是无用的。情况并非如此。这些数学工具帮助我们减少了市场中存在的不确定性——但并没有消灭它。"风险管理被视为一项实践艺术,对此有一句言简意深的话可以作为注脚——当我们的世界被创造出来之时,没有人记得要把确定性包括进来,"彼得·伯恩斯坦说道,"我们从不肯定,我们通常或多或少有些无知。我们掌握的大多数信息要么是不正确的,要么是不完整的。"[22]

英国文学评论家、推理小说《布朗神父探案集》作者吉尔伯特·基思·切斯特顿(Gilbert Keith Chesterton),准确地抓住了我们的两难处境:

我们这个世界的真正麻烦，不在于它是一个理性的世界，也不是因为它是一个不理性的世界。最大的麻烦是它近乎理性却又不是非常理性。生活不是没有逻辑性的，却是逻辑家的陷阱。它看上去比实际更数学化且更有条理，其确定性是明显的，但是不确定性却被隐藏了起来。它的野性在伺机而动。[23]

第 9 章

决策过程

一个球拍和一个球总价 1.1 美元,球拍比球贵 1 美元,球的价格是多少?

你现在脑中出现了一个答案。但我遗憾地告诉你,大多数情况下,你的答案是错的。不要失望——超过一半的哈佛、麻省理工和普林斯顿的学生也都算错了这道题。而且他们在下面两道题上的表现也好不了多少。

如果 5 台机器 5 分钟生产了 5 个部件,那么 100 台机器生产 100 个部件要用多长时间?

湖里有一片睡莲,每天睡莲覆盖的面积增大一倍。如果 48 天这片睡莲可以覆盖整个湖面,那么需要多长时间可以覆盖半个湖面?[1]

这三道题,事后看都很简单,耶鲁大学的市场营销学副教授沙恩·弗里德里克(Shane Frederick)这样分析,他在 2005 年在麻省理工工作时,做了这项认知反应试验。他对测试人们的认知推理很感兴趣,特别是人们如何控制大脑的反射性决策中心——通常称为直觉。

多年来,心理学家对于认知过程被分为两种思维模式的想法很感兴趣,传统上指的是能够产生"快速和相关"认知的直觉,和"慢而受到规则约束"的推理。如今,这些认知系统通常被称为系统 1 和系统 2。系统 1 的思考是直觉式的,自动执行,快速且不受控制。系统 2 是反射性的,以一种受控方式，缓慢而审慎。系统 2 的思考行为需要关注和基于规则应用的主观经验。

尽管我们希望自己具有很强的系统 2 能力，但事实上，我们更多的思考发生在系统 1。让我们回来再看一下弗里德里克测试的大学生。超过一半的学生说球的价格是 0.1 美元，最让人惊讶的是，当再次让他们确认这是否是其最终答案时，他们仍坚持了这个答案。

显然这些大学生是沉湎于系统 1 的思考中，而不能或者不愿意转换到系统 2。如果他们用哪怕很短的时间想一想，弗里德里克说，他们都会意识到 1 美元减去 10 美分，得到的差值是 90 美分，而不是 1 美元。大学生令人惊奇的高出错率表明了两个问题。其一，人们不习惯努力思考问题，而是更倾向于使用第一个浮现在脑海的答案；其二，系统 2 的流程确实没有很好地监督系统 1 的思考。

弗里德里克也发现那些在认知试验中表现良好的人倾向于更耐心地回答问题。系统 2 思考是一个相对较慢的过程。当我们被迫快速回答时，我们没有足够多的时间去关注处于反射过程中心的理性。

这不是说直觉在我们的思考中不重要，情况并非如此。我敢说，如果没有基本的直觉，我们无法生存。当你在驾驶汽车时，如果后车轮开始打滑，直觉告诉你要把方向盘打向滑动的那一边。你没有足够多的时间进行系统2思考并仔细罗列所有不同的选项。

事实上，在认知过程中，直觉已经得到了严肃的科学家的重视。你可能还记得我们在心理学一章中讲过的丹尼尔·卡尼曼——曾因其对人类判断和决策的研究而获得诺贝尔经济学奖。

卡尼曼相信确有直觉能力揭示答案的案例，但是这类案例依赖于两个条件：第一，"环境的规律性足够强使其能进行预测"；第二，必须"有机会通过实践了解这些规律"。对于类似的例子，考虑一下国际象棋、桥牌和扑克牌。它们都出现在有规律的环境中，经常针对这些项目进行训练有助于人们发展直觉技能。卡尼曼也接受一个观点，即军官、消防队员、理疗师和护士主要得益于有足够多的处理同类突发事件的经验，所以可以发展出熟练的直觉能力。

卡尼曼总结出，直觉能力主要存在于在简单可预测环境中操作的人身上，而在更复杂环境中的人较难发展出这种能力。卡尼曼大部分时间用于研究诊疗师、股票投资者和经济学者，他注意到直觉能力很少出现在这些人身上。换言之，直觉看上去在因果关系较易判断的线性系统中能够充分发挥作用。但是对于非线性系统，包括股市和经济领域，系统1思考，即我们大脑的直觉部分，作用较不明显。

让我们先回到大学生那个话题。我们可以假设他们都是聪明人，那么为何他们在解答那些问题时会出错呢？为什么他们完全根据直觉就给出了结论（系统1思考），为什么系统2思考无法纠正他们的错误答案呢？一言以蔽之，他们缺乏充足的信息储备。

在卡尼曼的文章中，他提到了一个由赫伯特·西蒙（另一位因决策研究而获得诺贝尔经济学奖的心理学家）给出的定义。"这个局面提供了一个线索，专家可以接触到存储于记忆中的信息，而这个信息提供了答案。直觉就是认知。"[2] 所以，卡尼曼相信，增加记忆里存储的信息，可以提高我们的直觉思考能力。他更进一步解释说，系统2失去对系统1的控制，主要是因为受资源条件限制。"在一些判断性的工作中，信息（系统2思考）补充或纠正直觉（系统1思考）不是被忽略了，也不是不受重视，事实上是我们非常缺乏信息。"[3]

改善系统2思考的资源条件，即加深和扩大我们对相关信息的储备，是写作这本书的主要意图。

▪ ▪ ▪

大学生不是投资专业人士——至少在大学阶段还不是。所以我们可能会说沙恩·弗里德里克有关大学生思考能力的悲观论断是不成熟的，会逐渐被纠正。如果卡尼曼的理论是正确的，所要做的就是需要更多的学习时间亲身实践，那样我们年轻的知识分子就能够计算出球的成本是多少，需要多长时间生产部件，以及睡莲需要多久时间铺满湖面。不久之后，这些急切探索世界的新鲜面孔的毕业生将成为下一代投资专家。

如果不是对 284 名专家做了长达 15 年（1998～2013 年）的决策过程研究，宾夕法尼亚大学心理学教授菲利普·泰特洛克（Philip Tetlock）可能也会对上面那个问题抱有乐观看法。他将专家定义为那些出现在电视上的、被报纸期刊文章引述的人，以及向政府和企业提供咨询或者参加圆桌论坛的人。他向所有人询问了对于世界局势的看法，每个人都要对世界将会发生的事做出预测。最终他们做出了超过 27 450 项预测。泰特洛克保留了每个人的预测记录，计算了预测结果。预测有多精确呢？很遗憾，但是可能并不值得大惊小怪，专家的预测结果并不比"投掷飞镖的大猩猩"更准确。[4]

怎么会这样呢？泰特洛克说，"如何思考要比思考什么更重要"。[5]

专家和我们这些普通人一样受到了思考疏漏的惩处。而专家的问题是过度自信、后见之明、信仰抵触和缺乏贝叶斯概率思考过程。你可能还记得我们在心理学那章里提到过这些心理误区。

这些心理误区影响了系统 1 思考。我们急于做出一个直觉性的决定,没有意识到,我们的思维障碍来自自身固有的偏误和直觉式思考。只有接入系统 2 思考,我们才能够再次检查第一反应是否正确。

■ ■ ■

大约 2 600 年前,古希腊诗人阿基洛科斯(Archilochus)写道,"狐狸多知,而刺猬有一大知"。这个隐喻后来因被以赛亚·伯林(Isaiah Berlin)在随笔中引用而出名,在"刺猬和狐狸:托尔斯泰的历史观"一文里,伯林将作家和思想家分作两类:刺猬型,通过一个单一视角看世界;而狐狸型则是在做决定之前,即使对那些宏大理论也会心存疑虑,更愿意依靠多种多样的经验。伯林在文章中提出了这一争议话题。"我从未认为这个问题很严重,"他说,"我的意思是说,这是一种有趣的智力游戏,但它应被认真对待。"[6]

研究人员很快就掌握了这种比喻,并将其用于解释他们的决策研究成果。泰特洛克在他的《狐狸与刺猬:专家的政治判断》(Expert Political Judgment)中,将预测者也分为刺猬型和狐狸型。除了预测者整体令人失望的表现之外,他还研究了每个预测者之间的差别。那些狐狸型预测者的整体成功率明显高于刺猬型预测者。

为什么是刺猬型预测者表现较差？首要原因是他们对理论情有独钟，使得他们在预测时过度自信。更糟糕的是，刺猬型预测者在无法证实的证据面前，不能及时改变自己的观点。在这项研究中，泰特洛克指出狐狸型预测者面对其他假设，修改了59%的预测结果，而刺猬型预测者修改的比例仅有19%。换言之，前者比后者更善于更新其预测结果。

和刺猬型预测者不同的是，狐狸型预测者承认自身知识的不足，他们在校准和鉴别方面比前者得分更高。（校准可以认为是一种智力特征，度量主观可能性对客观可能性的反映。鉴别，有时被称作判断力，度量的是你是否会对经常发生的事件赋予更高的概率。）刺猬型预测者对于世界如何运作抱有僵化的信念，他们更有可能为不会发生的事情而不是已经发生过的事情赋予概率。

泰特洛克告诉我们，狐狸型预测者具有三个认知优势。

（1）他们从"合理的初始"概率估计值开始起步，他们有更好的"内部指引系统"，使得其初始猜测更接近短期的基本概率。

（2）面对新信息，他们愿意承认错误并修正自己的观点。他们拥有良好的概率判断流程。

（3）他们能够感受到相互矛盾力量的存在，而且，最重要的是，他们能够领会相关的类比。[7]

刺猬型预测者从一个大的想法开始，贯彻始终——而不理会那样做的逻辑是什么。狐狸型预测者把大的想法聚集起来，他们研究和思考其中的类比关系，然后创造出一个综合性的假说。我认为，狐狸型预测者是格栅思维流派最完美的代表。

∷∷∷

多伦多大学人类发展与应用心理学教授基思·斯塔诺维奇（Keith Stanovich）认为，智力性的测验（比如ACT和SAT）测量的是算法心智，但在测试理性思维方面表现不佳。"它最多是一种中性的预测方式，"他说，"有些理性思维技巧是完全和智力不搭界的。"[8] 智力测验通常用于测试那些已经发展了很长时间的思考技能，但是要记住，最常犯的思维错误和智商没有太大关系，而是和理性相关——或者更准确地说，是因为缺乏理性。

高智商人群可能做出很糟糕的决策，这个想法乍看上去和直觉相悖。我们以为聪明人也会理性行事，但是斯塔诺维奇不这样看。在他的书《智力测验遗漏了什么：理性思考的心理学》（*What Intelligence Tests Miss：The Psychology of*

Rational Thought）中，他提出了"理性障碍"（dysrationalia）这个术语，指的是尽管有高智商但无法理性地思考和行动。

认知心理学的研究结果指出了理性障碍的两种主要原因。第一个是处理问题，第二个是内容问题。

斯塔诺维奇相信我们在第一个方面做得不够好。在解决问题时，他说，人们有几种不同的认知机制可供选择。在这些机制的一端是强大的计算能力，但是比较慢而且需要极大的专注。在相反的另一端，计算能力虽低，但不需要太多专注，可以尽可能快地采取行动。"人类是认知缺乏者，"斯塔诺维奇写道，"由于我们天生倾向于忽略处理机制，这样不需要太多计算，当然也就难言准确。"[9] 一言以蔽之，人类是懒惰的思考者。在解决问题的时候，人们会找出简单方法，其结果就是答案经常欠缺逻辑性。

理性障碍的第二个原因是缺乏足够多的内容。研究决策过程的心理学家将内容残缺称为"心智程序缺陷"（mindware gap）。这个说法最先是由戴维·珀金斯（David Perkins）提出的，他是哈佛大学的认知科学家。心智程序（mindware）指的是人们解决问题时脑中出现的规则、策略、程序和知识。"就像厨具包括了在厨房中干活所用到的器具，软件包括了计算机所用的工具，心智程序包括了头脑需要的工具。"珀金斯解释道，"心智程序是任何一个人都可以学会的，它可以拓展一个人认真思考和创造性思考的能力。"[10]

在他看来,心智程序缺陷一般是由教育的局限性造成的。他认为,学校在教授每个学科的知识方面做得不错,但是在将各学科知识联系起来提高人们对于世界的整体理解方面,就做得很差了。"我们欠缺的,"他说,"是超出课程计划的'更高级'的课程表,包括有关思维的好的模式和跨学科的内容。"[11]

如何解决这个问题?首先,珀金斯展望将来会出现讨论思维艺术的特殊课程,但他也意识到了,在现有的繁重的课程表上再增加课程是比较困难的。因此,他认为每门学科所需的是一种深思熟虑的直接灌输——他称为心智程序加强型注入。"我是所谓的灌输的倡导者,"他写道,"用一种深入延伸的方式将新概念和主题内容整合起来。"[12]

所以,现在我们来到了事物的核心附近。珀金斯对于新学习方法的期望与本书的原则完美地结合了——人们学习投资的艺术和科学,就是应该与不同学科的"规则、策略、流程和知识"相结合。从这个意义上说,这本书就是心智程序加强型注入的一个直观示例。

∷ ∷

《华尔街日报》和《纽约时报》极少给出同样的结论。但是它们都认同丹尼尔·卡尼曼的《思考,快与慢》(Thinking Fast and Slow)是 2011 年出版的最好的 5 本书之一。在写作这本书的时候(2012 年 9 月),那本书已经连续 2 周荣登《时代》最佳畅销书榜单,被认为是一本厚达 500 页的决策研究方面的杰作。我把这件事看作一个积极信号。毕竟行为金融学已经成为主流理论的一个组成部分了。

卡尼曼在这本书里主要告诉我们直觉具有偏误。"但是,"他说道,"错误的焦点对人类智力的负面影响,不会比医疗文本对于疾病的关注对健康的影响来得更大,我们大多数人在大部分时间都是健康的,而且我们的大多数判断和行动,在大部分时间也是妥当的。在我们的日常生活中,通常允许自己接受印象和感觉的指引,而我们对于自己的直觉想法和偏好的自信通常经得起考验。但是并不总是如此。我们甚至在错了的时候也很自信,客观的观察者比我们自己更可能发现我们的错误。"这本书的目的,卡尼曼说,"是了解并改进判断和选择中的错误,这些错误是对于他人的,也应该逐步扩大到对自身的判断。"[13]

在那本书中,我最喜欢的章节是在前面。第 3 章,卡尼曼提醒我们,"懒惰的控制者"的认知努力是思维工作。对于任何工作,我们很多人在任务变得困难时,都倾向于偷懒、逃避。一些心理学研究成果显示,人们在同时面对认知任务和诱惑的挑战时,更倾向于选择后者。如果你被迫不断去做有挑战性的事情,那么当下一个挑战来临时,就会倾向于放松对自我的控制。卡尼曼告诉我们,要求系统 2 思考参与的活动,需要自我控制,而持续的自我松懈是不受欢迎的。

卡尼曼对于高智商人士看上去较易满足于初步答案而不求甚解的情况表示惊讶。他不愿意使用"懒惰"这个词说他们缺乏系统 2 思考,但实际上这就是懒惰。卡尼曼注意到我们经常将那些放弃思考的人说成"他懒得验证他所说的话是否有意义",或者"不幸的是,她试图说出浮现在脑海中的第一件事"。而我们应该想的是,"他是否总是懒得启用系统 2 思考,或者他是否这次特别疲倦?"对于第 2 个例子,"她可能在延缓幸福感方面有些问题——虚弱的系统 2"。

根据卡尼曼的说法,"那些试图避免智力懒惰问题的人可以被称为'勤勉。'他们更为警醒,也更为积极主动,不愿意满足于接受表面上特别有吸引力的答案,对待自己的直觉感受更为严格。"[14] 如何理解勤勉呢?非常简单,这意味着你的系统 2 思维是强大的、有活力的,不太容易疲倦。系统 2 和系统 1 的区别如此大,以至于基思·斯塔诺维奇将这两者称作"不同的头脑"。

但是一个"独立分离的头脑"只有在可以分辨的时候才

是独立的。如果你的系统2思考没有通过学习不同学科所获得的主要思维模式加以充分武装的话,那么它的功能就比较弱,或者如卡尼曼所说,是懒惰的。

对于长期接受现代投资组合理论和有效市场假说的你来说,是否会马上和自动地运用基于物理学的模型解释市场行为,或者你会放慢思考,同时考虑市场的生物学特性是否有可能改变结果吗?即便市场看上去极其有效率,你会考虑群体的智慧只是暂时的,只能维持到下一次出现多样化导致市场崩溃吗?

当你分析自己的投资组合时,是否能够抵御几乎无法控制地想卖出亏损头寸的想法,哪怕你完全了解你的这种感受是一种不理性(损失带来的痛苦是同等收益带来的快乐的2倍)?你是否可以阻止自己每天不停地查看股价,哪怕你知道这会影响你的判断?或者你会屈服于自己的第一感觉先卖出之后才问问题吗?

当考虑企业、市场和经济的时候,你是否会停留在你对事件的第一印象上?在知道事件可能还有其他说法,而且最引人注目的说法总是取决于媒体报道的程度时,你会去做更深入的挖掘,去发现其他也许更准确的说法吗?是的,做这些事情是需要动脑筋的。是的,要想得出一个结论是需要花费更多时间的。是的,这样做远比依从于自己的第一感觉困难。

最后，为了完成你的工作而需要阅读时，你会为了提高自己的理解而去读一本新书吗？正如查理·芒格已经多次重复过的，只有通过阅读，你才能够不断学习。

所有这些，还有更多的东西，可以帮助你弥补心智程序缺陷，并且加强你的系统2思考能力，让你保持勤勉，充分地发展你的独立思维能力。

::: :::

我写这本书，是希望能够激发你开始用一种不同的思维方式思考投资，而并非只是考虑那些千变万化的数字，这意味着创造性思维，这需要一种新的创造性的方法去吸收知识和建立思维模型。回想一下第1章我们讲过的建立新的格栅思维模型，我们必须首先学会从不同学科的角度进行思考，收集（或自学）多学科知识的基本框架，我们还必须能够使用类比把学过的知识联系起来，再用于投资决策中。类比是帮助我们从已知领域进入未知领域的工具。为了建立好的思维模型，我们需要对各学科有广泛的了解，还要具备能够通过类比进行思考的能力。

建立模型的艺术依赖于我们打造模块的技能。[15] 想想传统的儿童玩具——林肯积木。为了搭一个房子模型，孩子们用不同的积木,按照自己对于房子的想象搭建。这套玩具包括很多不同的积木块,有些长,有些短,有些用来搭建屋顶,另一些用来做门和窗户。为了建造一个好看的木屋,建造者用这种方式把积木组合起来,创造一个好的模型。

建立一个有效的投资模型,和搭建一个木屋模型很相像。我们已经在这本书里提供了一些不同的建筑模块,好的模型建构就是把这些模块以一种娴熟的、艺术的方式结合起来。巧妙妥帖的结合,这些建筑模块将带给你一个有关市场如何运作的合理的模型,而且我希望还可以让你得到一些深刻的见解,帮助你成为更好的投资者。当然,我们能很快发现,如果你只有很少的几个模块,就很难搭建起一个精巧的模型。对于投资,道理也是如此。如果你只有很少的模块,又如何能够做出一个有用的模型呢?

建造有效模型的第一个原则是在开始前准备好足够多的模块。为了建造我们的全能型市场模型——如果你愿意的话,建造一个超级模型,我们将本书中讲述的各种不同的思维模型作为模块,并且从各学科中学习最关键的思想。在积累了足够多的模块之后,我们就可以开始将它们组装成一个工作模型了。

在建造一个木屋模型和建立一个市场行为模型之间,存在着一个重要的不同,就是我们的投资模型必须是动态的。它应该能够随着环境变化而改变。正如我们已经发现的,50

年前的建筑模块已经和现在没有太多关联了,这是因为市场就像一个生物系统,已经进化了。

当环境改变时,模型也在改变,这种变化可能很难观察到。为了体会那种情况是如何发生的,我们想象一个飞行模拟器。模拟器的最大优点是可以允许飞行员在不同情境下训练和完善其技能,而不用承担实际损坏飞行器的风险。飞行员可以学习在夜间、在恶劣天气或者飞机出现机械故障时如何飞行。他们每次进行模拟飞行时,必须建立可以让他们安全飞行和着陆的不同模型。每个模型可能包括了类似的模块,但是组合的顺序不同。飞行员在学习不同情境下要强调哪个模块。

飞行员也在学习如何鉴别模式,从中抽取信息并做出决定。当出现了一系列特定条件时,飞行员必须能够识别相应的模式,而且从中得出一个有用的想法。飞行员的思考过程类似这样:我以前从未见过同样的情况,但是我见过类似的情况,而且我知道在那种情况下应该怎样做,所以我将从那里开始尝试,然后不断校准。

建立一个有效的投资模型,和操作飞行模拟器非常相似。我们知道环境将会不断变化,我们必须可以在模块之间转换,建立不同的模型。形象地说,我们正在寻找能够最好地描述当前环境的正确的模块组合方式。最终当你发现了每个情境的正确的搭建模块,你就已经积累了经验,反过来让你能够鉴别模式,并做出正确决定。

要记住的一件事是,有效决策就是掌控正确的模块,把它们放入一个模型中。当然,我们也许永远都无法彻底了解最优的模块是哪些,但是我们可以对已有的东西进行校准。如果我们有足够多的模块,那么建立模型就只是在不同的情况下重新评估和组合它们。

我们从约翰·霍兰德和其他科学家最近的研究成果中得知(见第1章),与花时间发现新的模块相比,人们更倾向于对现有模块做出改变。这是一个错误。霍兰德指出,我们必须找到一个能够有效利用我们已经知道的事情的方法,同时积极地寻找新知识——或者如霍兰德给出的巧妙说法,我们必须在利用和探索之间力争找到平衡。当我们的模型指明已有的利润时,当然我们应该尽量利用市场的无效率。但是我们永远不应该停止寻找新的模块。

尽管数量最多的蚂蚁群会跟从味诱激素最浓的路径觅食,仍然会有一些蚂蚁随机地寻找其他食物来源。当美洲土著出外打猎时,他们大多数人会返回到过去的打猎地点。但是,也有一些猎人,会跟从有探险精神的人,去往别的方向寻找新猎物。挪威渔民也是如此。每天,大多数渔船会返回到前一天捕鱼量最大的水域,但也有少部分渔船会随机地去到其他方向，找寻新的鱼群。作为投资者，我们也必须在利用最明显的信息和探索新的可能性之间把握平衡点。

通过重新组合现有的模块，我们实际上学习和适应了变化的环境。稍微回想一下第1章讲述的神经网络和联结理论，马上就能发现，通过选择和重新组合模块，我们所做的就是创造自己新的神经网络和联结模型。

这个过程类似于生物进化过程中的交叉遗传。事实上，生物学家同意交叉遗传对于进化有着重要的作用。类似地，对于现有的思维模块的不断重新组合在投资进展中也会产生重要作用。当然，也有可能出现可以提供新的投资机会的新奇发现。正如突变可以加速进化的过程，新发现的观点也可以提升我们对市场运作的理解。如果你能够发现一个新的模块，你就有潜力改善你的思维模型。

重要的是要了解，你有机会发现很多新事物，在你的思维模型上增加新的模块，而无须承担不必要的风险。你可以在思考时放入许多理论和观点，将它们装入一个模型中（就像飞行员在模拟驾驶舱中），尝试将这些理论用于市场之中。如果新的模块被证明是有用的，那么就保留下来，给予适当的重视。如果它们看上去没有增加什么价值的话，你只需先将其搁置一旁，等到将来的某天再拿出使用。

但是要记住，也许你认为自己已经懂得够多了，但情况可能并非如此。永远不要停止去发现新的模块。当企业削减其研发预算而只关注眼前,可能在短期里可以产生较大利润,但更可能在将来的某个时刻,使自己置身更危险的竞争环境。同样,如果我们停止探求新观念,我们可能仍然能够在股市中遨游一段时间,但最可能的是,在未来的变革环境中,我们将陷于不利地位。

■ ■ ■

在宾夕法尼亚大学校园中央,路克斯路和三七街交叉的地方,有一尊真人大小的铜质雕像——本杰明·富兰克林坐在公园长椅上。他身着一件皱巴巴的衬衫和短裤,一件长外套和背心,脚上穿着一双方头鞋。他的鼻尖上架着一副圆圆的眼镜,正在读一份《宾夕法尼亚公报》。在宾夕法尼亚41尊本杰明·富兰克林的雕像中,这一尊由乔治·W. 伦丁(George W. Lundeen)设计的是我的最爱。那个长椅在浓密的树荫下,坐着非常舒适,坐在这位热心提倡人文学科教育的男人身边,很适合思考格栅思维模型。

三七街是宾夕法尼亚大学校园的一条主干道。每天上午,只要有课,学生们就会从宿舍楼涌向三七街。当他们走到和路克斯路交汇处时,就会分开不同的方向,走向他们所选专业的课室。

物理系和数学系的学生向右转，去到三三街的大卫·瑞滕豪斯实验楼。生物系学生向左拐，走向大学街的雷迪实验楼。社会学系的学生向左转去路克斯路的社会学大楼，心理学系的学生继续沿着三七街直走，去沃尔纳特街的心理学大楼。哲学系学生向右转上路克斯路一直走到罗根堂。英文系学生再走几步就到了费希尔·博耐特堂。

宾夕法尼亚大学金融系的学生就读于著名的沃顿商学院，走的距离最短。在本杰明·富兰克林的默默注视下，他们在交叉路口往右转，只走几步路就到了斯坦堡堂、迪特里希堂和亨特曼堂。在那里，他们将用4年时间学习经济学、管理学、金融学、会计学、市场营销学、商学和公共政策课程。在4年结束的时候拿到学位证书，大多数人将在金融服务业找一份工作。一些人将入读研究生院，再花费两年时间，学习他们之前已经学了4年的专业，并获得 MBA 学位。

在一个春日下午，我坐在本杰明·富兰克林旁边，思考这些金融系学生毕业后会得到什么样的机会，假如他们在大学里还学习了其他学科的话，是否会带来额外的优势。只要学习了物理学，他们就会了解到牛顿定律、热力学、相对论和量子力学。他们可能了解到了波的运动、湍流和非线性，可能已经意识到描述地心熔流或者小的地层运动导致强震的规律，也同样适用于金融市场上的各种力量。

宾夕法尼亚大学生物系的学生用了4年时间学习分子生物学和进化理论、微生物学和基因学、神经生物学、脊椎动物和无脊椎动物生物学，以及植物学和植物种植。只要金融系学生学了一门课——生命的分子生物学，就能了解到动物、细菌和病菌的基因，并特别留意到现代的细胞和生物分子基因方法对我们理解进化过程的贡献。只需要从一个学期的一门课上，领悟力强的学生就可能意识到，存在于生物学中的模式看上去十分接近发生在公司和市场上的模式。

沃顿商学院的学生将花费大量时间学习金融市场的理论和结构，但是他们从学习社会问题和公共政策、技术与社会、工作社会学或者社会分层法中可以得到额外的见解吗？要想成为一名成功的投资者，你无须花4年时间学习社会学，只学习这个学科的几门课程，都可以提高你对各种系统的组织、操作、成长、失败以及再组织的理解。

今天很少听到有关心理学影响投资的争论，金融学生从心理学基础课程的教育中能够获得多少附加值呢？考虑一下，也许是上一门激励行为心理学课，在课上可以学习大脑结构和行为功能的联系。或者认知心理学，研究人类的思维过程，包括人们如何使用模式认知决定行动。当然，没有一个金融系学生愿意放弃学习行为经济学和心理学的机会，这是将心理学应用于经济学理论,以研究有限认知能力下个体进行有效决策的过程。

金融领域的工作,就是有关做出决策的工作,金融系学生怎么能够错过现代心理学、逻辑学和批判性思维的课程呢?通过学习笛卡尔、康德、黑格尔、詹姆士和维特根斯坦有关知识、头脑和现实的理论,他们能够获得哪些思维工具呢?想想他们可以从一门有关批判性思维的课程上获得的竞争优势,他们可以获得分析自然和统计语言表述的论断的分析工具。

是的,我知道在大学里要学的东西很多,但为什么不在你的三门非限制选修课中选择一门"19世纪美国文学课"呢?你将读到从早期联邦党人时期到第一次世界大战期间最杰出的美国文化精粹。最好再选修"创造性非文学写作班",这是一个关于如何写作说明文的工作坊,你将学习写作诸如自传、评估、采访、广告分析和一般的规范文章。

当然,作为金融系学生,你在会计和经济学课上肯定会碰到很多数学内容,但是为何不加一门"信息时代的数学课"呢?你将从那里学到数学推理和媒体。在媒体发表的故事中,总是蕴含着数学假设,这门课将教会你如何识别和质疑各种数学假设。

看着学生们从我面前纷纷走过,走向他们所选专业的课室，我不禁在想，25年之后他们将会在何处。他们在大学里接受的教育是否足以让他们应对最高水平的竞争？等他们到了退休年龄，回首往事，他们会觉得自己非常成功吗？还是会觉得不够成功呢？

这些问题也是查理·芒格在哈佛法学院毕业50周年聚会上对学生提出的问题。[16]"我们的教育是否已经足够多学科化了？"他问道，"在最近50年里，学术精英在获得最佳的多学科化方面进展如何？"

为了让自己关于单一思维的说法更易理解，查理经常引用一句格言："对于一个手里只有锤子的人来说，他看到的每个问题都像是一枚钉子。"查理说，"对于这类只拿着锤子的人，很明显有一个治疗方法：如果这个人拥有一系列来自多种学科的工具，那么他从理论上就持有了多种工具，因此将限制从'只有锤子'的倾向中产生的不良认知努力。如果'A'是一个专业领域，而'B'是源自其他学科的大量有用的原理，那么很明显，将'A'和'B'相加，通常会更好地弥补只有'A'的不足。"

查理相信，我们社会所面对的大量问题只需将其放入横跨多个学科的格栅中就能够得以解决。所以，他认为，教育机构应该大力普及多学科教育。还要说一下，查理马上补充道，"不能苛求每个人对天体力学的掌握达到拉普拉斯的水平，也不苛求每个人在其他知识领域达到如此精湛的水平。"他说道，"事实上，每个学科真正重要的内容数量并不多。"另外，他继续说道，获得多学科技能不需要我们在已经很昂贵的大学教育之外负担更重。"我们都知道，那些现代的本杰明·富兰克林，他们获得了大量的多学科综合知识，接受正规教育的时间少于现在聪明的年轻人。他们不仅成为自己学科的佼佼者，在转向其他学科后，表现也不错。"这就是查理的理念，如果大学里的多学科课程被确定为必修而不是选修课，社会将变得更好。

::::

我们已经读到这本书接近尾声的部分了，我们发现自己又完全回到了起点。作为投资者，甚至作为一个个体，我们面对的挑战并不是面前的知识，而是我们应该如何把它们组合起来。类似地，教育的主要问题是如何整合课程表。"知识碎片化及其导致的混乱，并不是这个真实世界的反映，而是学术界自身造成的结果，"爱德华·O.威尔逊将其解释为《论契合》(*Consilience：The Unity of Knowledge*)。[17] 对于契合，威尔逊将其描述为不同学科的知识"聚集在一起"，是建立一般性解释框架的唯一途径。

这本书的一个首要目标是给出市场行为的一个较宽泛的解释，而且在这个过程中，帮助你做出更好的投资决策。我们已经学到的一件事是我们在解释上的失败来源于描述失败。如果不能精确地描述一种现象，那么我们一定无法准确地解释它。我们从这本书中得到的一个经验教训是，仅仅基于金融学理论的描述并不足以解释市场行为。

获得查理·芒格所说的"通识智慧"是一种追求，看上去和古代和中世纪时期很相近，而与更强调获得某个领域特定知识的现代学术颇有差距。没有人会不赞同经过这么多年，我们已经增加了大量知识，但可以肯定的是我们今天所迷失的是智慧。我们的高等教育机构将知识进行分类，而智慧却是将它们联系起来。

那些致力于获取通识智慧的人受益于一个特别的礼物。圣达菲研究所的科学家称之为突变。查理·芒格称之为"好上加好效应"：当基础原理组合起来并保持一致方向时，会带来放大效应，强化了各自领域的基础原理。不管你决定如何称呼它，这种广泛的理解就是通识智慧的基础。

罗马诗人卢克莱修写道：

没有什么比居于宁静的高处

通过智者的教导

牢牢地立于高处更令人喜悦的了
你能够俯视其他人
看到他们到处流浪
寻找着生活的道路却走入迷途

对于许许多多的人来说，金融市场令他们迷惑难解，投资已经变成寻找正确道路的艰苦探索。但是更努力地沿着老路走下去，并非正确答案。应该从智者的高度看下去才对。那些不断探索新方向以期做出更好决策的人，将成为未来成功的投资者。

坐在校园的长椅上，本杰明·富兰克林和我注视着最后一位上课迟到的金融系学生从眼前跑过，我不禁想到是否他也考虑过教育问题和自己的未来。是否他已经读过富兰克林在1749年小册子中提倡的"人类事务的联结思想"呢？是否他已经开始培养对思想进行联结的思考习惯？是否他正在进行持续一生的学习？

他肯定考虑过这些事情。我想我可以听到他正在大声读出手中那份费城公报的标题："各年龄段的聪慧人士已经认识到，对年轻人的良好教育构成了幸福的甜美基础。"这是个人和社会成功的一个简单公式，无论在当今，还是在250年前，都同样有效。这也是获取通识智慧的永不过时的道路。

附录：圣约翰学院推荐阅读书目

大学一年级

Homer: Iliad, Odyssey
Asechylus: Agamemnon, Libation Bearers, Eumenides, Prometheus Bound
Sophocles: Oedipus Rex, Oedipus at Colonus, Antigone, Philoctetes
Thucydides: History of the Peloponnesian War
Euripides: Hippolytus, Bacchae
Herodotus: Histories
Aristophanes: Clouds
Plato: Meno, Gorgias, Republic, Apology, Crito, Phaedo, Symposium, Parmenides, Theaetetus, Sophists, Timaeus, Phaedrus
Aristotle: Poetics, Physics, Metaphysics, Nicomachean, Ethics, On Generation and Corruption, Politics, Parts of Animals, Generation of Animals
Euclid: Elements
Lucretius: On the Nature of Things
Plutarch: "Lycurgus," "Solon"
Nicomachus: Arithmetic
Lavoisier: Elements of Chemistry
Harvey: Motion of the Heart and Blood
Essays by: Archimedes, Fahrenheit, Avogadro, Dalton, Cannizzaro, Virchow, Mariotte, Driesch, Gay-Lussac, Spemann, Stears, J. J. Thomson, Mendeleyev, Berthollet, J. L. Proust

大学二年级

The Bible
Aristotle: De Anima, On Interpretation, Prior Analytics, Categories
Apollonius: Conics
Virgil: Aeneid
Plutarch: "Caesar," "Cato the Younger"
Epictetus: Discourses, Manual
Tacitus: Annals
Ptolemy: Almagest

Plotinus: The Enneads
Augustine: Confessions
St. Anselm: Proslogium
Aquinas: Summa Theologica, Summa Contra Gentiles
Dante: Divine Comedy
Chaucer: Canterbury Tales
Des Prez: Mass
Machiavelli: The Prince, Discourses
Copernicus: On the Revolution of the Spheres
Luther: The Freedom of a Christian
Rabelais: Gargantua and Pantagruel
Palestrina: Missa Papae Marcelli
Montaigne: Essays
Viete: "Introduction on the Analytical Art"
Bacon: Novum Organum
Shakespeare: Richard II, Henry IV, Henry V, The Tempest, As You Like It, Hamlet, Othello, Macbeth, King Lear, Coriolanus, Sonnets
Poems by: Marvell, Donne, and other sixteenth- and seventeenth-century poets
Descartes: Geometry, Discourse on Method
Pascal: Generation of Conic Sections
Bach: St. Matthew Passion, Inventions
Haydn: Quartets
Mozart: Operas
Beethoven: Sonatas
Schubert: Songs
Stravinsky: Symphony of Psalms

大学三年级

Cervantes: *Don Quixote*
Galileo: Two New Sciences
Hobbes: Leviathan
Descartes: Meditations, Rules for the Direction of the Mind
Milton: Paradise Lost
La Rochefoucauld: Maxims
La Fontaine: Fables
Pascal: Pensées
Huygens: Treatise on Light, On the Movement of Bodies by Impact
Eliot: Middlemarch
Spinoza: Theological-Political Treatise

Locke: Second Treatise on Government
Racine: Phaedra
Newton: Principia Mathematica
Kepler: Epitome IV
Leibniz: Monadology, Discourse on Metaphysics, Essay on Dynamics, Philosophical Essays, Principles of Nature and Grace
Swift: Gulliver's Travels
Hume: Treatise on Human Nature
Rousseau: The Social Contract, On the Origin of Inequality
Molière: The Misanthrope
Adam Smith: Wealth of Nations
Kant: Critique of Pure Reason, Foundations of the Metaphysics of Morals
Mozart: Don Giovanni
Jane Austen: Pride and Prejudice
Dedekind: Essays on the Theory of Numbers
Essays by: Young, Maxwell, Taylor, Euler, D. Bernoulli

大学四年级

Articles of Confederation
Declaration of Independence
Constitution of the United States
Supreme Court Opinions
Hamilton, Jay, and Madison: *The Federalist Papers*
Darwin: *Origin of Species*
Hegel: *Phenomenology of Mind*, "*Logic*" (from the *Encyclopedia*)
Lobachevsky: *Theory of Parallels*
De Tocqueville: *Democracy in America*
Kierkegaard: *Philosophical Fragments, Fear and Trembling*
Wagner: *Tristan and Isolde*
Marx: *Capital, Political and Economic Manuscripts of 1844, The German Ideology*
Dostoyevsky: *Brothers Karamazov*
Tolstoy: *War and Peace*
Melville: *Benito Cereno*
Twain: *Adventures of Huckleberry Finn*
O'Connor: Selected Stories
William James: *Psychology: Briefer Course*
Nietzsche: *Birth of Tragedy, Thus Spake Zarathustra, Beyond Good and Evil*
Freud: *General Introduction to Psychoanalysis*
Valery: Poems

Booker T. Washington: Selected Writings
Du Bois: *The Souls of Black Folk*
Heidegger: *What Is Philosophy?*
Heisenberg: *The Physical Principles of the Quantum Theory*
Einstein: Selected Papers
Millikan: *The Electron*
Conrad: *Heart of Darkness*
Faulkner: *The Bear*
Poems by: Yeats, T. S. Eliot, Wallace Stevens, Baudelaire, Rimbaud
Essays by: Faraday, J. J. Thomson, Mendel, Minkowski, Rutherford, Davisson, Schrodinger, Bohr, Maxwell, de Broglie, Dreisch, Ørsted, Ampère, Boveri, Sutton, Morgan, Beadle and Tatum, Sussman, Watson and Crick, Jacob and Monod, Hardy

注　释

第 1 章

1. 查理·芒格在巴考克课堂上的完整演讲，见 1995 年 5 月 5 日的 *Outstanding Investor Digest*（*OID*），这里引用的内容均摘自其中。
2. Benjamin Franklin, "Proposals Relating to the Education of the Youth in Pensilvania," 本章中所引用的富兰克林的话均来自这本小册子，这是其最开始的想法的陈述。
3. 作者于 1999 年 12 月 23 日拜访了理查德·比曼。
4. George Lakoff and Mark Johnson, *Metaphors We Live By* (Chicago: University of Chicago Press, 1980), 3.
5. 芒格的这次问答发表在 1997 年 12 月 29 日和 1998 年 3 月 13 日的 *Outstanding Investor Digest* 上，读者不妨找来读一读，用 OID 编辑 Henri Emerson 的话说，这是对"通识智慧的再次强调"。

第 2 章

1. 牛顿爵士的第一运动定律说的是，除非受到非平衡作用力的影响，一个移动物体将保持匀速直线运动，静止物体仍保持静止状态。这就是惯性定律。牛顿第二运动定律说的是，由作用于物体上的力产生的加速度与该力的大小成正比，而与物体的质量成反比。牛顿第三运动定律说的是每个力都会存在同等大小的相反的力。
2. 在第 3 章中，马歇尔再次强调了这一点。
3. Alfred Marshall, *Principles of Economics*, 8th ed. (Philadelphia: Porcupine Press, 1920), 276.
4. Ibid., 269.
5. Ibid., 287.
6. Ibid., 288.

7. Paul Samuelson, quoted in Peter L. Bernstein, *Capital Ideas: The Improbable Origins of Modern Wall Street* (New York: The Free Press, 1992), 113.
8. Ibid., 37.
9. Louis Bachelier, quoted in Bernstein, *Capital Ideas*, 21.
10. Paul Samuelson, "Proof That Properly Anticipated Prices Fluctuate Randomly," *Industrial management review* 6 (Spring 1965).
11. William F. Sharpe, "Capital Asset Prices: A Theory of Market Equilibrium under Conditions of Risk," *Journal offinance* 19, no. 3 (Summer 1964), 4336.
12. Brian Arthur et al., "Asset Pricing under Endogenous Expectations in an Artificial Stock Market" (working paper 96-12-093, Santa Fe Institute Economics Research Program, 1996).

第3章

1. 伊拉斯谟·达尔文是一位声名显赫和非常成功的医生，也是一名诗人。在他的诗作中，他用动物法则表达他有关进化的猜想，明显超前于那个时代。他同时代人塞缪尔·泰勒·柯勒律治（Samuel Taylor Coleridge）曾称其朋友的理论为"达尔文式"的。尽管日后查尔斯·达尔文声称没有受到其祖父的理论影响，但是看上去他不可能不知道那些理论。
2. Francis Darwin, ed., *The Autobiography of Charles Darwin* (New York: Dover Publications, 1958).
3. 尽管查尔斯·达尔文发现了这些现象，但仍无法解释物种变异是如何发生的。这个问题被奥地利植物学家和植物实验师格里格尔·约翰·孟德尔解决了，他是第一个将数学方法引入基因科学的人。今天人们明白了物种变异是由个体的基因变异造成的。
4. Richard Dawkins, "International Books of the Year and the Millennium," *Times literary supplement* (December 3, 1999).
5. 美国经济学家也给予了关注。其中最知名的是当时在芝加哥大学执教的索尔斯坦·凡布伦（Thorstein Vablen）。如今他的声誉来自其早期著作《有闲阶级论》(*The Theory of the Leisure Class*)，他在其中论述了奢侈性消费。在那个时代，他的学术声誉受限于他有点不合群的个性和嘲讽式的写作风格。其著作并未引起同时代人的关注。他一直在呼吁在经济学研究中引入进化和后达尔文主义的方法。不幸的是，他的研究只关注于一些特定的细节。尽管如此，当今一些学者仍将他视为这种方法的先驱。例如，英国经济学家杰弗里·霍奇森（Geoffrey Hodgson）声称"凡布伦的著作是第一个沿着达尔文路线所做的演化经济学研究。"（G.M.Hodgson，"On the Evolution of Thorstein Veblen's Evolutionary Economics," *Cambridge Journal of Economics* 22[1998]：415-431）

6. 不过有点辛酸的是，尽管经过多年的努力，他仍未能完成第二卷。
7. 《经济发展理论》当然是用熊彼特的母语——德语写成的。但是书名的翻译有些误导性。德语原文是 entwicklung，通常翻译为"发展"，但也可以译为"演化"。实际上，当那本书付印时，熊彼特写给自己的同事一封信，说题目应该是《经济演化理论》(*The Theory of Economic Evolution*)。（Esben Andersen，"Schumpeter's General Theory of Social Evolution"[paper presented at the conference on Neo-Schumpeterian Economics，Trest，Czech Republic，June 2006]）
8. Christopher Freeman, in Techno-economic Paradigms: *Essays in Honor of Carlota Perez* (London, UK: Anthem Press, 2009), 126.
9. Sylvia Nasar, *Grand Pursuit: The Story of Economic Genius* (New York: Simon & Schuster, 2011).
10. Ibid.
11. Alfred Marshall, *Principles of Economics* (Philadelphia: Porcupine Press, 1994).
12. Thomas S. Kuhn, *The Structure of Scientific Revolutions* (Chicago: University of Chicago Press, [1962] 1970), 90.
13. 机缘巧合的是，筹划了几个月的会议终于在1987年召开，而那一年正好遭遇了股市动荡，导致很多人质疑市场绝对平衡的概念。
14. J. Doyne Farmer, "Market Force, Ecology, and Evolution"(working paper, version 4.1, Santa Fe Institute, February 14, 2000).

15. Ibid., 1, 34.
16. J.Doyne Farmer and Andrew W. Lo, "Frontiers of Finance: Evolution and Efficient Markets" (working paper 99-06-039, Santa Fe Institute April 11, 1999).
17. Ibid.
18. Jane Jacobs, *The Nature of Economies* (New York: Modern Library, 2000), 137.

第 4 章

1. Church of *England quarterly review* (1850), 142.
2. Norman Johnson, S. Ramsussed, and M. Kantor, "The Symbiotic Intelligence Project: Self-Organizing Knowledge on Distributed Networks Driven by Human Interaction," Los Alamos National Laboratory, LA-UR-98-1150, 1998.
3. Marco Dorigo, Gianni Di Caro, and Luca M. Gambardella, "An Algorithm for Discrete Optimization," *Artificial life* 5, no. 3 (1999): 137-172.
4. 我们观察到一个有关紧急情况下行为的传奇证据,也许并没有意识到我们当时看到的情况。畅销书 *Blind Man's Bluff* : *The Untold Story of American Submarine Espionage*(Sherry Sontag,Christopher Drew)里写了一个很有说服力的突变情况案例。在该书的开头讲了一件发生在1966年一架B52轰炸机携带4枚核弹坠毁的事故。其中3枚核弹很快找到了,但是第4枚丢失了。而苏联很快介入了。寻找核弹的任务下达给一位名叫约翰·克雷文(John Craven)的海军工程师。他构建了几个可能发生在第4枚核弹上不同的情境,并请他的负责打捞任务的同事打赌看看他们认为核弹会落在哪里。然后他把可能的地点输入电脑公式进行运算,没有去海里搜寻,基于集体解决方案,他准确锁定了核弹丢失的地点。
5. James Surowiecki, *The Wisdom of Crowds: Why the Many Are Smarter Than the Few and How Collective Wisdom Shapes Businesses, Economics, Societies, and Nations* (New York: Doubleday, 2004), xvi.
6. Ibid., xvi.

7. Ibid., xv.
8. Ibid., 41.
9. Scott E. Page, *The Difference: How the Power of Diversity Creates Better Groups, Firms, Schools, and Societies* (Princeton, NJ: Princeton University Press, 2007).
10. Ibid., 13.
11. Ibid., 13.
12. Michael J. Mauboussin, *Think Twice: Harnessing the Power of Counterintuition* (Boston: Harvard Business Press, 2009), 50.
13. Ibid., 55.
14. Per Bah, M. Paczuski, and M. Shubik, "Price Variations in a Stock Market with Many Agents" (working paper 96-09-078, Santa Fe Institute Economics Research Program, 1996).
15. Diana Richards, B. McKay, and W. Richards, "Collective Choice and Mutual Knowledge Structures," *Advances in complex systems* 1 (1998): 221-236.

第 5 章

1. Michael Lewis, "The King of Human Error," *Vanity fair* (December 2011): 154.
2. Richard Thaler and Shlomo Benartzi, "Myopic Loss Aversion and the Equity Risk Premium Puzzle," *Quarterly journal of economics* 110, no. 1 (February 1995): 80.
3. 巴菲特这句话源于对格雷厄姆名言（从公司经营的角度来投资股票是最明智的）的解释。见 Benjamin Graham, *The Intelligent Investor* (New York: Harper & Row, [1949] 1973), 286.
4. 股票或者投资组合跑赢市场的频次很少能够达到100%。我花了很多时间研究个股和投资组合的持有期限，发现在长期内跑赢市场的情况大概占 40% ～ 60%。（见作者写的关于巴菲特投资组合的书，1999年出版。）但是这个领域还有很多东西值得研究。
5. Charles Ellis, "A Conversation with Benjamin Graham," *Financial*

analysts journal (September/October 1976): 20.
6. Graham, Intelligent Investor, 107.
7. Terrance Odean, "Do Investors Trade Too Much?" *American economic review* (December 1999).
8. Terrance Odean and Brad Barber, "Trading Is Hazardous to Your Wealth: The Common Stock Investment Performance of Individual Investors," *Journal ofinance* 55, no. 2 (April 2000).
9. Terrance Odean and Brad Barber, "The Internet and the Investor," *Journal of economic perspectives* 15, no. 1 (Winter 2001).
10. Hagstrom, Warren Buffett Portfolio, 155.
11. Ibid.
12. Ibid.
13. Michael Lupfer and Mark Jones, "Risk Taking as a Function of Skill and Chance Orientations," *Psychological reports* 28(1971): 27-32.
14. 在这里"思维模式"的说法比查理·芒格的定义更小、更有针对性，其意义接近于"关键原理，核心观点"而非多元表述。
15. Kenneth Craik, *The Nature of Explanation* (London: Cambridge University Press, 1952).
16. Michael Shermer, *How We Believe* (New York: W. H. Freeman, 2000), 36.
17. Fischer Black, quoted in Peter L. Bernstein, Capital Ideas: *The Improbable Origins of Modern Wall Street* (New York: The Free Press, 1992), 124.
18. Claude Shannon, "A Mathematical Theory of Communication," *The Bell Systems Technical Journal* (July 1948).
19. Charles T.Munger, *Outstanding investor digest* (May 5, 1995): 51.

第6章

1. Lee McIntyre, "Complexity: A Philosopher's Reflections," *Complexity* 3, no. 6 (1998): 26.
2. Ibid., 27.
3. Ibid., 28.

4. Benoit Mandelbrot, "Introduction," *The Fractal Geometry of Nature* (New York: W. H. Freeman, 1982).
5. Brian McGuinness, Wittgenstein: *A Life—Young Ludwig* 1889-1921 (Berkeley, CA: University of California Press, 1988), 118.
6. Ludwig Wittgenstein, *Philosophical Investigations* (Englewood Cliffs, NJ: Prentice-Hall, 1958), v.
7. Douglas Lackey, "What Are the Modern Classics? The Baruch Poll of Great Philosophy in the Twentieth Century," *Philosophical forum* 30, no. 4 (December 1999): 329-345.
8. Wittgenstein, *Philosophical Investigations*, 200.
9. 从 2003 年开始，我在美盛的资产组织中就包含了亚马逊公司，在我们公司的机构独立账户中，它一直深受基金的欢迎。
10. Susan Crawford, "The New Digital Divide," *New York times*, Sunday review (December 4, 2011): 1.
11. Rita Charon, MD, PhD, "Narrative Medicine," *JAMA* 286, no. 15 (October 17, 2001).
12. C. P. Snow, The Two Cultures (The Rede Lecture, Cambridge, UK, May 7, 1959), *in The Two Cultures and the Scientific Revolution* (1963).
13. John Allen Paulos, *Once Upon a Number: The Hidden Mathematical Logic of Stories* (New York: Basic Books, 1998), 12.
14. John Allen Paulos, "Stories vs. Statistics," *New York times* (October 24, 2010), http://www. NYTimes.com.
15. Ibid.
16. James Boswell, quoted in John Allen Paulos, *A Mathematician Reads the Newspaper* (New York: Basic Books, 1995), 6.
17. Charles S. Peirce, "How to Make Our Ideas Clear," *Popular science monthly (January 1878). Also in Pragmatism: A Reader*, ed. Louis Menand (New York: Random House, 1997), 26.
18. William James, "Pragmatism: Conception of Truth," lecture 6 in *Pragmatism* (New York: Dover Publications, [1907] 1995), 30.
19. Ibid., 22.

20. Ibid., 23.
21. Ibid., 24.
22. Ibid., 26.
23. Ibid., 31.
24. 正确使用折现模型需要我们做一些复杂困难的运算。公司全生命周期的未来增长率是多大？公司能够产生多少现金流？预测现金流增长应该使用多大的折现率为好？对于这些难题的回答将作为模型的输入参数。除了这些困难，还有长期预测的不确定性可能使该模型失效。另一个困难是价值评估对于初始条件具有高度敏感性，即便增长率只发生了很小的更改，折现因子对于估值结果都有很大的影响。基于这个原因，投资者通常采用捷径做法（二阶模型）进行估值。
25. James, *Pragmatism*, 321-324.
26. 我要感谢我的朋友和同事 Bull Miller，他关于实用主义哲学的洞见以及将其与投资联系起来的观点，让我获益良多。

第7章

1. 一些高等教育机构设置了建立在历史伟大思想家著作之上的特殊人文教育项目，其中一些是大学的荣誉项目，有些是短期深入研究项目。圣约翰是我所知道的唯一一所致力于伟大著作教育的大学，其课程资料是不断审核和更新的。
2. 事实上，圣约翰学院的历史可以追溯到 1696 年，比哈佛早 5 年，比普林斯顿早 50 年，比富兰克林著名的教育宣言早 53 年。
3. 作者分别于 2000 年 6 月 7 日访问了唐·贝尔和李·芒森，于 2011 年 11 月 10 日访问了格雷格·柯蒂斯，于 2011 年 12 月 15 日访问了史蒂夫·博林。
4. 莫提默·J. 艾德勒是 54 卷本《西方世界的伟大著作》(*Great Books of the Western World*) 的主编，担任 20 年《不列颠大百科全书》(*Encyclopedia Britannica*) 编委会主席。直到 2011 年 6 月 28 日去世，他一直积极地写作和发表演讲，阐述其一生的追求：基于人性的大范围通识教育的价值。
5. 像《如何阅读一本书》这样拥有持久的生命力的书很少，我看的那本是修订版的第 36 次印刷。

6. Mortimer Adler and Charles Van Doren, *How to Read a Book,* rev. ed. (New York: Simon & Schuster, [1940] 1972), 46-47.
7. Ibid., 291.
8. Ibid., 301.
9. Ibid., 205.
10. Benjamin Doty was interviewed by the author on November 27, 2011.
11. Rolf Potts, "Cannon Fodder," The New Yorker (May 2, 2011): 22-23.
12. Robert G. Hagstrom, *The Detective and the Investor* (New York: John Wiley & Sons, 2002).
13. Alan Jacobs, *The Pleasures of Reading in an Age of Distraction* (Oxford: Oxford University Press, 2011).
14. Charlie Munger (address at Stanford Law School, Stanford, CA, 1996), reprinted in *Outstanding investor digest* (March 13, 1998): 58.
15. Ibid., 61, 63.

第 8 章

1. Warren Buffett, *Berkshire Hathaway 2000 Annual Report,* 13.
2. Robert G. Hagstrom, *The Warren Buffett Way: Investment Strategies of the World's Greatest Investor* (New York: John Wiley & Sons, 1994).
3. Peter L. Bernstein, *Against the Gods: The Remarkable Story of Risk* (New York: John Wiley & Sons, 1996), 3.
4. Ibid.
5. Ibid.
6. Sharon Bertsch McGrayne, *The Theory That Would Not Die* (New Haven: Yale University Press, 2011), 8.
7. Charles T. Munger, *Outstanding investor digest* (May 5, 1995): 49.
8. Robert L. Winkler, *An Introduction to Bayesian Inference and Decision* (New York: Holt, Rinehart and Winston, 1972), 17.
9. 詹姆斯·拉里·凯利最值得纪念的时刻是在 1962 年,当时他使用 IBM704 型计算机编写合成声音程序。凯利建立了一个声音记录合成器系统,并重新创作了马克斯·马修(Max Mathews)谱写的那首乐曲"黛西贝尔"。正巧亚瑟·C. 克拉克(Arthur C. Clarke)拜访贝尔实验室。

10. J. L. Kelly Jr., "A New Interpretation of Information Rate," *The Bell Systems Technical Journal* 35, no. 3 (July 1956).
11. 作者于 1998 年 11 月 25 日拜访了艾德·索普。
12. 以下的内容参考 1985 年 *Discover* 上的文章 The Median Isn't the Message 以及 Stephen Jay Gould, "Case One: A PersonalS-tory," chap. 4 in *Full House: The Spread of Excellence from Darwin to Plato* (New York: Three Rivers Press, 1996)。
13. Sam L. Savage, *The Flaw of Averages: Why We Underestimate Risk in the Face of Uncertainty* (New York: John Wiley & Sons, 2009), 11.
14. Robert G. Hagstrom, "Who's Afraid of a Sideways Market?" *Legg Mason perspectives* (January 2010).
15. Gould, Full House, 41.
16. Bernstein, *Against the Gods*, 162.
17. Sir Francis Galton, quoted in Bernstein, *Against the Gods*, 167. It is referenced in the biography by D. W. Forest, *Francis Gatton: The Life and Work of a Victorian Genius* (New York: Taplinger, 1974).
18. Gottfried Leibniz, quoted in Bernstein, *Against the Gods*, 329.
19. Nassim Nicholas Taleb, *The Black Swan: The Impact of the Highly Improbable* (New York: Random House, 2007), xvii.
20. William Safire, "On Language: Fat Tail," *New York Times* (2009), http:// www .nytimes.com/2009/02/08/magazine/o8wwwln-safire-y. html.
21. Kenneth Arrow, quoted in Bernstein, *Against the Gods*, 7.
22. Bernstein, *Against the Gods*, 207.
23. Gilbert Keith Chesterton, "The Paradoxes of Christianity," chap. 6 in *Orthodoxy* (Charleston, SC: BiblioBazaar, [1908] 2007).

第 9 章

1. 这 3 道题可见 Shane Frederick, "Cognitive Reflection and Decision

Making," *Journal of Economic Perspectives* 19, no.4（Fall 2005）:25-42., 球的价格是 0.05 美元，100 台机器制作 100 只微标需要 5 分钟，47 天睡莲可以覆盖湖面的一半。
2. Daniel Kahneman, *Thinking Fast and Slow* (New York: Farrar, Straus, and Giroux, 2001), 241.
3. Daniel Kahneman and Shane Frederick, "Representativeness Revisited: Attribute Substitution in Intuitive Judgment," in *Heuristics and Biases: The Psychology of Misjudgment*, ed. Thomas Gilovich, Dale Griffin, Daniel Kahneman (Cambridge: Cambridge University Press, 2002), 54.
4. Philip Tetlock, *Expert Political ludgment*: How Good Is It? How Can We Know? (Princeton: Princeton University Press, 2005).
5. Philip Tetlock, "Why Foxes Are Better Forecasters Than Hedgehogs," Seminars About Long-Term Thinking, hosted by Stewart Brand, January 26, 2007.
6. Jahanbegolo Ramin, *Conversations with Isaiah Berlin* (London: Halban Publishers, 2007), 188.
7. Philip Tetlock, "Coming to Existential Terms with Unpredictability" (presentation to the Legg Mason Capital Management Thought Leader Forum, Baltimore, MD, October 6-7, 2011).
8. Keith Stanovich, *What Intelligence Tests Miss: The Psychology of Rational Thought* (New Haven: Yale University Press, 2009). Also see Keith Stanovich, "Rationality versus Intelligence," Project Syndicate (2009-04-06), http://www, project-syndicate.org.
9. Keith Stanovich, "Rational and Irrational Thought: The Thinking That IQ Tests Miss," *Scientific American mind* (November/December 9009): 35.
10. D. N. Perkins, "Mindware and Metacurriculum," *Creating the Future: Perspectives on Educational Change*, comp. and ed. Dee Dickinson (Baltimore: Johns Hopkins University School of Education, 2002).
11. Ibid.
12. Ibid.
13. Kahneman, *Thinking Fast and Slow*, 4.

14. Ibid., 46.
15. 我很感激密歇根大学心理、工程和计算机科学教授约翰·霍兰德，他关于构造模块的完美的阐述、关于模块保持动态化的必要性的解释以及关于飞行模拟器的比喻都使我获益良多。
16. Charles T. Munger, "The Need for More Multidisciplinary Skill," (presentation, Fiftieth Reunion of the Harvard Law School Class Graduated in 1948, Cam- bridge, MA, May 1998). The full text of the speech appears in Appendix B of Janet Lowe's book, *Damn Right: Behind the Scenes with Berkshire Hathaway Billionaire Charlie Munger* (New York: Vintage Books, 1999), 8.
17. Edward O. Wilson, *Consilience*: *The Unity of Knowledge* (New York: Vintage Books, 1999), 8.

参考文献

第 1 章

Bell, Daniel. *The Reforming of General Education.* New York: Columbia University Press, 1996.

Bevelin, Peter. *Seeing Wisdom: From Darwin to Munger.* Malmo, Sweden: Post Scriptum AB, 2003.

Birkhoff, Garrett. *Lattice Theory.* Providence, RI: American Mathematical Society, 1979.

Black, Max. *Models and Metaphors: Studies in Language and Philosophy*, rev. ed. Ithaca, NY: Cornell University Press, 1966.

Burke, James. *Connections.* Boston: Little Brown, 1978.

Farmer, J. Doyne. "A Rosetta Stone for Connectionism." *Physica D*, vol. 42 (1990).

Franklin, Benjamin. *Autobiography.* Numerous editions of Franklin's fascinating work are available today.

Holland, John H. *Emergence: From Chaos to Emergence.* Reading, MA: Helix Books, a division of Addison-Wesley, 1995.

———. *Hidden Order: How Adaptation Builds Complexity.* Reading, MA: Addison-Wesley, 1995.

Lakoff, George and Mark Johnson. *Metaphors We Live By.* Chicago: University of Chicago Press, 1980.

Locke, John. *Some Thoughts Concerning Education.* 1693.

Lucas, Christopher. *Crisis in the Academy: Rethinking American Higher Education in America.* New York: St. Martin's, 1998.

Milton, John. "Of Education." 1644.

Munger, Charles T. *Poor Charlie's Almanack.* Virginia Beach, VA: Dunning Company, 2005.

Van Doren, Carl. *Benjamin Franklin.* This Pulitzer Prize–winning biography of Franklin, originally written in 1934, has been produced in numerous editions by several publishers.

Wilson, Edward O. *Consilience: The Unity of Knowledge.* New York: Alfred A. Knopf, 1998.

第 2 章

Anderson, Philip W., Kenneth J. Arrow, and David Pines, eds. *The Economy as an*

Evolving Complex System. Reading, MA: Perseus Books, 1988.

Arthur, Brian W., Steve N. Durlauf, and David A. Lane, eds. *The Economy as an Evolving Complex System II*. Reading, MA: Addison-Wesley, 1997.

Arthur, Brian, et al. "Asset Pricing under Endogenous Expectations in an Artificial Stock Market." Working paper for SFI Economics Research Program, 96-09-075, 1996.

Bak, Per, M. Paczuski, and M. Subik. "Price Variation in a Stock Market with Many Agents." Working paper for SFI Economics Research Program, 96-09-075, 1996.

Bernstein, Peter L. *Capital Ideas: The Improbable Origins of Modern Wall Street*. New York: The Free Press, 1992.

Bronowski, Jacob. *The Ascent of Man*. Boston: Little Brown, 1973.

Dolnick, Edward. *The Clockwork Universe: Isaac Newton, the Royal Society and the Birth of the Modern World*. New York: Harper Collins, 2011.

Fama, Eugene. "Efficient Capital Markets: A Review of Theory and Empirical Work." *Journal of Finance* vol. 25, no. 2 (May 1970).

Farmer, J. Doyne. "Physicists Attempt to Scale the Ivory Towers of Finance." Working paper for SFI Economics Research Program, 99-10-073, 1999.

Farmer, J. Doyne and Andrew Lo. "Frontier of Finance: Evolution and Efficient Markets." Working paper for SFI Economics Research Program, 99-06-039, 1999.

Gell-Mann, Murray. *The Quark and the Jaguar: Adventures in the Simple and the Complex*. New York: W. H. Freeman, 1994.

Gleick, James. *Chaos: Making a New Science*. New York: Penguin Books, 1987.

———. *Isaac Newton*. New York: Pantheon Books, 2003.

Johnson, George. *Fire in the Mind: Science, Faith, and the Search for Order*. New York: Vintage Books, 1996.

Lo, Andrew W. and Craig A. MacKinlay. *A Non-Random Walk down Wall Street*. Princeton, NJ: Princeton University Press, 1999.

Mantegna, Rosario and Eugene H. Stanley. *An Introduction to Econophysics: Correlations and Complexity in Finance*. Cambridge: Cambridge University Press, 2000.

Marshall, Alfred. *Principles of Economics*. 8th ed. Philadelphia: Porcupine Press, 1920.

Newton, Issac. *The Principia: Mathematical Principles of Natural Philosophy*. Los Angeles: University of California Press, 1999.

Nicolis, Gregoire and Illya Prigogine. *Exploring Complexity: An Introduction*. New York: W. H. Freeman, 1989.

Samuelson, Paul A. "Proof That Properly Anticipated Prices Fluctuate Randomly." *Industrial Management Review* vol. 6 (Spring, 1965).

Samuelson, Paul A. and William D. Nordhaus. *Economics*. 12th ed. New York: McGraw-Hill, 1985.

Sharpe, William F. "Capital Asset Prices: A Theory of Market Equilibrium under

Conditions of Risk." *Journal of Finance* vol. 19, no. 3 (Summer 1964).

Strathern, Paul. *The Big Idea: Newton and Gravity*. New York: Doubleday, 1997.

Trefil, James and Robert M. Hazen. *The Sciences: An Integrated Approach*. New York: John Wiley & Sons, 2000.

Westfall, Richard S. *The Life of Isaac Newton*. New York: Cambridge University Press, 1994.

第 3 章

Christensen, Clayton. *The Innovator's Dilemma*. Boston: Harvard Business School Press, 1997.

Christensen, Clayton and Michael E. Raynor. *The Innovator's Solution*. Boston: Harvard University Press, 2003.

Colinvaux, Paul. *Why Big Fierce Animals Are Rare*. Princeton, NJ: Princeton University Press, 1978.

Darwin, Charles. *The Origin of Species*. Reprint, New York: Gramercy Books, 1979.

———. *Voyage of the Beagle*. Reprint, London: Penguin Books, 1989.

Darwin, Francis, ed. *The Autobiography of Charles Darwin*. Reprint, New York: Dover Publications, 1958. Originally published in 1893 as *Charles Darwin, His Life Told in an Autobiographical Chapter and in a Selected Series of His Letters*, edited by his son.

Dawkins, Richard. *The Selfish Gene*. New York: Oxford University Press, 1976.

———. *The Blind Watchmaker*. New York: W. W. Norton, 1996.

Dennett, Daniel C. *Darwin's Dangerous Ideas*. New York: Simon & Schuster, 1995.

Foster, Richard and Sarah Kaplan. *Creative Destruction*. New York: Doubleday, 2001.

Frank, Robert H. *The Darwin Economy*. Princeton, NJ: Princeton University Press, 2011.

Gould, Stephen Jay. *Dinosaur in a Haystack*. New York: Crown, 1995.

Haeckel, Stephan. *Adaptive Enterprise*. Boston: Harvard University Press, 1999.

Jacobs, Jane. *The Nature of Economies*. New York: Modern Library, 2000.

Jones, Steve. *Almost Like a Whale*. London: Doubleday, 1999.

Kuhn, Thomas S. *The Structure of Scientific Revolutions*. Chicago: University of Chicago Press, (1962) 1970.

Marshall, Alfred. *Principles of Economics*. Philadelphia: Porcupine Press, 1994.

Martel, Leon. *Mastering Change*. New York: Simon & Schuster, 1986.

Mayr, Ernst. *The Growth of Biological Thought*. Cambridge: Harvard University Press, 1982.

McCraw, Thomas K. *Prophet of Innovation: Joseph Schumpeter and Creative Destruction*. Cambridge: Harvard University Press, 2007.

Nasar, Sylvia. *Grand Pursuit: The Story of Economic Genius*. New York: Simon & Schuster, 2011.

Ormerod, Paul. *Butterfly Economics*. New York: Pantheon Books, 1998.
Ridley, Mark. *Evolution*. Cambridge, MA: Blackwell Science, 1996.
Rothschild, Michael. *Bionomics: Economy as Ecosystem*. New York: Henry Holt, 1990.
Schumpeter, Joseph A. *Capitalism, Socialism and Democracy*. New York: Harper & Row, 1950.
Weibull, Jorgen. *Evolutionary Game Theory*. Cambridge: The MIT Press, 1995.

第 4 章

Axelrod, Robert. *The Complexity of Cooperation*. Princeton, NJ: Princeton University Press, 1997.
Axelrod, Robert and Michael D. Cohen. *Harnessing Complexity*. New York: The Free Press, 1999.
Bak, Per. *How Nature Works*. New York: Copernicus, Springer-Verlag, 1996.
Barabasi, Albert-Laszlo. *Linked: The New Science of Networks*. Cambridge, MA: Perseus Publishing, 2002.
de la Vega, Joseph. *Confusion de Confusiones* (Confusion of Confusions). New York: John Wiley & Sons, (1688) 1996.
Fydman, Roman and Michael D. Goldberg. *Beyond Mechanical Markets*. Princeton, NJ: Princeton University Press, 2011.
Grodon, Deborah. *Ants at Work: How an Insect Society Is Organized*. New York: The Free Press, 1999.
Holland, John H. *Emergence: From Chaos to Order*. Reading, MA: Addison-Wesley Publishing, 1998.
Holldobler, Bert and Edward O. Wilson. *Journey to the Ants*. Cambridge: Harvard University Press, 1994.
Johnson, Steve. *Emergence: The Connected Lives of Ants, Brains, Cities, and Software*. New York: Scribner, 2001.
Kindleberger, Charles P. *Manias, Panics, and Crashes*. New York: John Wiley & Sons, 1978.
Krugman, Paul. *The Self-Organizing Economy*. Malden, MA: Blackwell, 1996.
Le Bon, Gustave. *The Crowd: A Study of the Popular Mind*. New York: Penguin Books, 1970.
Mackay, Charles. *Extraordinary Popular Delusions and the Madness of Crowds*. Published together with De La Vega, Joseph. *Confusion de Confusiones* (Confusion of Confusions). New York: John Wiley & Sons—Investment Classics, 1996.
Mauboussin, Michael J. *More Than You Know: Finding Financial Wisdom in Unconventional Places*. New York: Columbia University Press, 2006.
———. *Think Twice: Harnessing the Power of Counterintuition*. Boston: Harvard Business School Press, 2009.
Miller, John H. and Scott E. Page. *Complex Adaptive Systems*. Princeton, NJ: Prince-

ton University Press, 2007.

Page, Scott E. *The Difference: How the Power of Diversity Creates Better Groups, Firms, Schools, and Societies*. Princeton, NJ: Princeton University Press, 2007.

———. *Diversity and Complexity*. Princeton, NJ: Princeton University Press, 2011.

Schweitzer, Frank, ed. *Self-Organization of Complex Structures: From Individuals to Collective Dynamics*. Amsterdam: Gordon and Breach Science Publishers, 1997.

Smith, Adam. *An Inquiry into the Nature and Causes of the Wealth of Nations*. Reprint, New York: Modern Library, 1937.

Sontag, Sherry and Christopher Drew. *Blind Man's Bluff: The Story of American Submarine Espionage*. New York: Public Affairs, 1998.

Sumner, William Graham. *Social Darwinism: Selected Essays*. Englewood Cliffs, NJ: Prentice-Hall, 1963.

Surowiecki, James. *The Wisdom of the Crowds: Why the Many Are Smarter than the Few and How Collective Wisdom Shapes Businesses, Economics, Societies, and Nations*. New York: Doubleday, 2004.

Wilson, Edward O. *In Search of Nature*. Washington, DC: Island Press, 1996.

第 5 章

Belsky, Gary and Thomas Gilovich. *Why Smart People Make Big Money Mistakes*. New York: Simon & Schuster, 1999.

Bernstein, Peter L. *Capital Ideas: The Improbable Origins of Modern Wall Street*. New York: The Free Press, 1992.

Chancellor, Edward. *Devil Take the Hindmost*. New York: Farrar, Straus & Giroux, 1999.

Cialdini, Robert B. *Influence: The Psychology of Persuasion*. New York: William Morrow, 1993.

Craik, Kenneth. *The Nature of Explanation*. London: Cambridge University Press, (1943) 1952.

de la Vega, Joseph. *Confusion de Confusiones* (Confusion of Confusions). New York: John Wiley & Sons, 1996.

Fox, Justin. *The Myth of the Rational Market*. New York: Harper Business, 2009.

Gilovich, Thomas. *How We Know What Isn't So*. New York: The Free Press, 1991.

Gilovich, Thomas, Dale Griffin, and Daniel Kahneman. *Heuristics and Biases: The Psychology of Intuitive Judgment*. Cambridge: Cambridge University Press, 2002.

Graham, Benjamin. *The Intelligent Investor*. New York: Harper & Row, (1949) 1973.

Graham, Benjamin and David Dodd. *Security Analysis*. New York: McGraw-Hill, (1934) 1951.

Hagstrom, Robert G. *The Warren Buffett Portfolio: Mastering the Power of the Focus Investment Strategy*. New York: John Wiley & Sons, 1999.

Johnson-Laird, Philip N. *Mental Models.* Cambridge: Harvard University Press, 1983.

Kahneman, Daniel, Paul Slovic, and Amos Tversky. *Judgment under Uncertainty: Heuristics and Biases.* Cambridge: Cambridge University Press, 1982.

Kindleberger, Charles P. *Manias, Panics, and Crashes.* New York: John Wiley & Sons, 1996.

Le Bon, Gustave. *The Crowd.* New York: Penguin Books, (1895) reprint 1977.

Mackay, Charles. *Extraordinary Popular Delusions and the Madness of Crowds.* New York: John Wiley & Sons, (1841) reprint 1996.

McCloskey, Donald N. *If You're So Smart: The Narrative of Economic Expertise.* Chicago: University of Chicago Press, 1990.

Russo, Edward J. and Paul J. H. Schoemaker. *Winning Decisions: Getting It Right the First Time.* New York: Doubleday, 2002.

Shefrin, Hersh. *Beyond Fear and Greed.* Boston: Harvard University Press, 2000.

Sherden, William A. *The Fortune Sellers.* New York: John Wiley & Sons, 1998.

Shermer, Michael. *Why People Believe Weird Things.* New York: W. H. Freeman, 1997.

———. *How We Believe.* New York: W. H. Freeman, 2000.

———. *The Believing Brain: From Ghosts and Gods to Politics and Conspiracies—How We Construct Beliefs and Reinforce Them as Truths.* New York: Times Books, 2011.

Shiller, Robert J. *Market Volatility.* Cambridge: The MIT Press, 1997.

———. *Irrational Exuberance.* Princeton, NJ: Princeton University Press, 2000.

Shleifer, Andrew. *Inefficient Market: An Introduction to Behavioral Finance.* Oxford: Oxford University Press, 2000.

Thaler, Richard H. *The Winner's Curse: Paradoxes and Anomalies of Economic Life.* Princeton, NJ: Princeton University Press, 1992.

Tucket, David. *Minding the Markets: An Emotional Finance View of Financial Stability.* New York: Palgrave Macmillan, 2011.

Tvede, Lars. *The Psychology of Finance.* New York: John Wiley & Sons, 1999.

Von Neumann, John and Oskar Morgenstern. *Theory of Games and Economic Behavior.* Princeton, NJ: 1944.

第 6 章

Audi, Robert. *The Cambridge Dictionary of Philosophy.* Cambridge: Cambridge University Press, 1995.

Baker, Gordon, ed. *The Voices of Wittgenstein: The Vienna Circle.* New York: Routledge, 2003.

Carroll, Noel. *The Poetics, Aesthetics, and Philosophy of Narrative.* Chichester, UK: Blackwell Publishing, 2009.

De Botton, Alain. *The Consolations of Philosophy.* New York: Pantheon Books, 2000.

Dickstein, Morris. *The Revival of Pragmatism: New Essays on Thought, Law, and Culture.* Durham, NC, and London: Duke University Press, 1998.

Hans, Sluga, and David G. Stern, eds., *The Cambridge Companion to Wittgenstein.* Cambridge: Cambridge University Press, 1996.

Honderich, Ted, ed. *The Oxford Companion to Philosophy.* Oxford: Oxford University Press, 1995.

James, William. *Pragmatism.* New York: Dover Publications, (1907) 1995.

James, William and Henry James. *Letters of William James.* Boston: Atlantic Monthly Press, 1920.

Klagge, James C. *Wittgenstein: Biography and Philosophy.* Cambridge: Cambridge University Press, 2001.

Lakoff, George and Mark Johnson. *Metaphors We Live By.* Chicago: University of Chicago Press, 1980.

McCloskey, Donald N. *If You're So Smart: The Narrative of Economic Expertise.* Chicago: University of Chicago Press, 1990.

Menand, Louis, ed. *Pragmatism: A Reader.* New York: Random House, 1997.

———. *The Metaphysical Club: The Story of Ideas in America.* New York: Farrar, Straus and Giroux, 2001.

Paulos, John Allen. *A Mathematician Reads the Newspaper.* New York: Basic Books, 1995.

———. *Once Upon a Number: The Hidden Mathematical Logic of Stories.* New York: Basic Books, 1998.

Richardson, Robert D. *William James: In the Maelstrom of American Modernism.* Boston: Houghton Mifflin, 2005.

Satz, Debra. *Why Some Things Should Not Be For Sale.* Oxford: Oxford University Press, 2010.

Simon, Linda. *Genuine Reality: A Life of William James.* New York: Harcourt, Brace, 1998.

White, Morton. *Pragmatism and the American Mind.* New York: Oxford University Press, 1973.

Wittgenstein, Ludwig. *Philosophical Investigations.* 3rd ed. Englewood Cliffs, NJ: Prentice Hall, 1958.

第 7 章

Adler, Mortimer J. *How to Speak, How to Listen.* New York: Simon & Schuster, 1983.

Adler, Mortimer J. and Charles Van Doren. *How to Read a Book,* rev. ed. New York: Simon & Schuster, 1972.

Bloom, Harold. *The Western Canon: The Books and Schools for the Ages.* New York: Riverhead Books, 1994.

———. *How to Read and Why.* New York: Scribner, 2000.

———. *Where Shall Wisdom Be Found?* New York: Riverhead Books, 2004.

Denby, David. *Great Books.* New York: Simon & Schuster, 1996.

Dreiser, Theodore. *The Financier.* Lexington, KY: Seven Treasures Publication, 2008.

Eco, Umberto. *On Literature*. London: Harcourt, 2002.
Fischer, Steven Roger. *A History of Reading*. London: Reaktion Books, 2003.
Hagstrom, Robert G. *The Detective and the Investor*. John Wiley & Sons, 2002.
Jacobs, Alan. *The Pleasures of Reading in an Age of Distraction*. Oxford: Oxford University Press, 2011.
Kirsch, Adam. *Why Trilling Matters*. New Haven, CT: Yale University Press, 2011.
Krystal, Arthur. *A Company of Readers*. New York: The Free Press, 2001.
Lyons, Martyn. *Books: A Living History*. Los Angeles: Getty Publications, 2011.
Manguel, Alberto. *A History of Reading*. New York: Penguin Books, 1996.
———. *The Library at Night*. New Haven, CT: Yale University Press, 2006.
Samet, Elizabeth D. *Soldier's Heart: Reading Literature Through Peace and War at West Point*. New York: Farrar, Straus and Giroux, 2007.
Shiller, Robert J. *The Subprime Solution*. Princeton, NJ: Princeton University Press, 2008.
Woolf, Virginia. *The Common Reader: The First Series*. Edited and introduced by Andrew McNeillie. New York: Harcourt Brace Jovanovich, (1925) 1984.

第 8 章

Bernstein, Peter L. *Against the Gods: The Remarkable Story of Risk*. New York: John Wiley & Sons, 1996.
Brown, Aaron. *Red-Blooded Risk*. Hoboken, NJ: John Wiley & Sons, 2012.
Byers, William. *How Mathematicians Think*. Princeton, NJ: Princeton University Press, 2007.
Connor, James A. *Pascal's Wager: The Man Who Played Dice with God*. San Francisco: Harper Collins, 2006.
Devlin, Keith. *The Man of Numbers: Fibonacci's Arithmetic Revolution*. New York: Walker & Company, 2011.
Epstein, Richard. *The Theory of Gambling and Statistical Logic*. New York: Academic Press, 1977.
Fingar, Thomas. *Reducing Uncertainty: Intelligence Analysis and National Security*. Stanford, CA: Stanford University Press, 2011.
Fitzgerald, Michael and Loan James. *The Mind of the Mathematician*. Baltimore: Johns Hopkins University Press, 2007.
Gould, Stephen Jay. *The Full House: The Spread of Excellence from Plato to Darwin*. New York: Three Rivers Press, 1996.
Hagstrom, Robert G. *The Warren Buffett Way: Investment Strategies of the World's Greatest Investor*. New York: John Wiley & Sons, 1994.
———. *The Warren Buffett Portfolio: Mastering the Power of the Focus Investment Strategy*. New York: John Wiley & Sons, 1999.
Hersh, Reuben. *What Is Mathematics Really?* Oxford: Oxford University Press, 1997.

Keynes, John Maynard. *The General Theory of Employment, Interest, and Money.* New York: First Harvest, Harcourt Brace, 1964.

Knight, Frank H. *Risk, Uncertainty, and Profit.* Washington DC: Beard Books, 2002.

McGrayne, Sharon Bertsch. *The Theory That Would Not Die.* New Haven, CT: Yale University Press, 2011.

Paulos, John Allen. *Innumeracy: Mathematical Illiteracy and Its Consequences.* New York: Hill and Wang, 1988.

———. *A Mathematician Plays the Stock Market.* New York: Basic Books, 2003.

Poundstone, William. *Fortune's Formula.* New York: Hill and Wang, 2005.

Rappaport, Alfred. *Creating Shareholder Value.* New York: The Free Press, 1986.

Rappaport, Alfred and Michael J. Mauboussin. *Expectations Investing.* Boston: Harvard Business School, 2001.

Savage, Sam L. *The Flaw of Averages: Why We Underestimate Risk in the Face of Uncertainty.* New York: John Wiley & Sons, 2009.

Stanovich, Keith E. *What Intelligence Tests Miss: The Psychology of Rational Thought.* New Haven, CT: Yale University Press, 2007.

Taleb, Nassim Nicholas. *Fooled by Randomness: The Hidden Role of Chance in Life and in the Markets.* New York: Texere/Thomson Corporation, 2004.

———. *The Black Swan: The Impact of the Highly Improbable.* New York: Random House, 2007.

Thorp, Edward O. *Beat the Dealer.* New York: Vintage Books, 1966.

Thorp, Edward O. and Sheen T. Kassouf. *Beat the Market.* New York: Random House, 1967.

Weisstein, Eric W. *CRC Concise Encyclopedia of Mathematics.* London: Chapman & Hall/CRC, 1999.

Wilson, Edward O. *Consilience: The Unity of Knowledge.* New York: Vintage Books, 1999.

第 9 章

Arum, Richard and Josipa Roksa. *Academically Adrift: Limited Learning on College Campuses.* Chicago: University of Chicago Press, 2011.

Biggs, Barton. *Hedge Hogging.* New York: John Wiley & Sons, 2006.

Carr, Nicholas. *The Shallows: What the Internet Is Doing to Our Brains.* New York: W. W. Norton & Company, 2010.

Derman, Emanuel. *Models Behaving Badly.* New York: The Free Press, 2011.

Gardner, Dan. *Future Babble: Why Expert Predictions Fail—and Why We Believe Them Anyway.* Toronto: McClelland & Stewart, 2010.

Gawande, Atul. *The Checklist Manifesto: How to Get Things Right.* New York: Henry Holt, 2009.

Gould, Stephen Jay. *The Hedgehog, the Fox, and Magister's Pox: Mending the Gap Between Science and the Humanities. Cambridge: Harvard University Press, 2003.

Kahneman, Daniel. *Thinking Fast and Slow*. New York: Farrar, Straus, and Giroux, 2011.

Kronman, Anthony T. *Education's End: Why Our Colleges and Universities Have Given Up on the Meaning of Life*. New Haven, CT: Yale University Press, 2007.

Mauboussin, Michael J. *More Than You Know: Finding Financial Wisdom in Unconventional Places*. New York: Columbia University Press, 2006.

———. *Think Twice: Harnessing the Power of Counterintuition*. Boston: Harvard Business Press, 2009.

Meehl, Paul E. *Clinical Versus Statistical Prediction: A Theoretical Analysis and a Review of the Evidence*. Northvale, NJ: Jason Aronson, 1996.

Pariser, Eli. *The Filter Bubble: What the Internet Is Hiding from You*. New York: Penguin Press, 2011.

Russo, J. Edward and Paul J. H. Schoemaker. *Decision Traps: The Ten Barriers to Brilliant Decision-Making & How to Overcome Them*. New York: Doubleday, 1989.

Sapolsky, Robert M. *Why Zebras Don't Get Ulcers*. New York: Henry Holt, 2004.

Tetlock, Philip E. *Expert Political Judgment: How Good Is It? How Can We Know?* Princeton, NJ: Princeton University Press, 2005.

Watts, Duncan J. *Everything Is Obvious: Once You Know the Answer*. New York: Crown Business, 2011.

致　　谢

首先我想要表达我对查理·芒格和他的格栅思维模型这个神奇理论的感激和崇拜。这个思想激励我写了这本书，而且一直都在我的专业投资生活中鼓舞着我。

接下来我必须向这本书的合作伙伴 Maggie Stuckey 表达最深切的谢意。这是在过去的 18 年里我们共同创作的第 8 本书。坦率地说，如果没有她的参与，我认为自己无法完成任何一本书。Maggie 工作和生活在俄勒冈州波特兰市，我生活在宾夕法尼亚州，在东海岸工作。被大陆分割的协作可能带来很多问题，但是 Maggie 的努力工作、投入和迅速对接工作让我经常误以为她就住在隔壁。正如我在前言中提到的，这是一本非常难写的书，但是 Maggie 快速处理资料的才能使得这个挑战变得更容易面对了。她总是能够想出令故事更生动的趣闻。无论是读者还是作为作者的我，能够分享 Maggie 的天分是很幸运的。

我很幸运，我有很多朋友、同事和教授愿意与我分享他们宝贵的时间，我要耐心地逐个介绍他们的专长领域以及他们的所学如何帮助大家更好地了解投资世界。

特别感谢比尔·米勒，是他将我介绍给圣达菲研究所，引领我走进复杂适应系统的世界。比尔像是一个移动图书馆，允许我免费借出无尽的书籍和思想。

米歇尔·莫布森，他是一位投资策略家、教授，也是一位对投资世界充满好奇心的天才作家。他慷慨地与我分享了自己的思想，而且自愿帮我整理了最困难和最有用的部分。谢谢你，米歇尔。

我还要感谢宾夕法尼亚大学的理查德·比曼、Paul Sniegowski、Larry Gladney 和威廉·乌纳，维拉诺瓦大学我的校友 Maria Toyoda 和 Markus Kruezer，他们热心于用人文科学解释世界。他们在学术上的热忱照亮了我，激励我在这一领域努力挖掘得更深一些。

我要特别感谢圣约翰学院的克里斯托弗·纳尔逊院长。他是伟大著作阅读计划项目的热心支持者，他为我引荐的圣约翰校友帮我更好地了解了这个项目的益处。感谢沃尔特·斯特林，讲师；格雷格·柯蒂斯，名誉校友；以及唐·贝尔、李·芒森和斯蒂夫·博林，他们都是出色的圣约翰学生！

我特别享受和本杰明·多蒂的讨论，他是 Koss Olinger 资深投资总监和密歇根大学副教授。本杰明是专业投资者，他专门抽出宝贵时间讲授关于阅读的益处和阅读有助于成为更好投资人的课程。他的推荐阅读书目是经过精挑细选的，很受欢迎，常被我用作阅读的指导。

感谢萨巴斯蒂安文学社的 Laurie Harper。她是一位非常好的代理，每天都在细致地了解出版界。她聪明而且忠诚。她的专业精神、诚实和幽默感很受大家认可。总之一句话，她很特别。

我还要真诚感谢哥伦比亚大学出版社的 Myles Thompson。当他问我是否打算就本书的第 1 版进行修订时，我立即抓住了这个机会。Myles 不仅是一位天才出版家，而且也是我的朋友。感谢你一直以来的支持。

写作是一件耗时的工作。花时间写一本书，需要家人的耐心和理解，以及他们无条件的支持，我对我的妻子 Maggie，孩子 John、Rob、Kim 和 Jaques 的感激，难以用言语表达。

我要感谢所有为本书出版有所帮助的人。本书如有任何疏漏，概由我本人负责。

译 后 记

查理·芒格和巴菲特这一对黄金搭档中,查理总是处于巴菲特的光芒之下,而在巴菲特的表达中,不难看出查理·芒格在伯克希尔-哈撒韦公司的投资方面,起到的作用远比公众所认为的更重要。这就引起了人们对于他的关注,想了解他对投资的看法。

据我所知,芒格没有为自己的投资理论写过专著,否则现在就不会有这本书了。本书作者罗伯特·G.哈格斯特朗写书专门介绍查理·芒格的投资哲学,您现在看的这本书是第2版(第1版的中文版出版于2001年),针对第1版的内容进行了修订,增加了关于数学的一章,并重写了最后一章。

我也是第一次读这本书。查理·芒格专业学的是法律,他本应是一名律师。不过这只是表象。正如他的格栅理论所主张的,作为投资人应该是博学的,各门学科都应有所涉猎,这样才可以构造出一个交错联结的知识网络,从各门学科中得到启发,从而看问题的角度、深度和广度都将被大大拓宽,有益于做出好的投资决策。

作者在这本书里涉及的学科非常广泛,有物理学、生物学、社会学、心理学、哲学、文学、数学。这大概超出了绝大多数读者的知识结构。其中有纯粹的理科，也有文学和社会科学。以译者看来，作者似乎还忘记了管理、历史和政治科学。这样说不是为了简单地凑数，而是掌握这些学科知识确实有益于做好投资工作。

查理·芒格的风格属于价值投资一派，这一派讲究的是对投资标的的深入研究，这涉及企业基本面和行业基本面。除了要对市场大趋势有所了解，在研究企业和行业时，更是涉及数理化生、工程、管理，另外历史、哲学、社会学、决策学等对于建立正确的思维框架也非常有用。

这样看来，价值投资当然不容易做好，不仅要克服贪婪和恐惧等心魔，还要有深广的知识和见识，能够选出值得投资和有发展前景的投资标的。所以，世界上并没有太多真正做得出色的价值投资者。但是我们每个人都应该朝着这个目标努力。

学习不是一个简单的过程。即使在大学校园读了七八年书，依然不能穷尽我们应该掌握的知识。这恰恰应了中国一句老话：活到老，学到老。如果你立志于成为一名优秀的投资者，那么就请抓紧时间，从学生时代就开始扩大自己的知识面。如果你已经离开校园，不要忘记在工作之余，继续学习和充实自己，读万卷书，行万里路。知识永无尽头，投资业绩也好，个人修养也好，都将从中获益匪浅。

作为一个杂学的人,我大学本科专业是数学,研究生读了工商管理,博士修读经济学,但我的知识结构仍无法涵盖这本书的所有话题。虽然少年时也曾爱好过文学,而成年后也对社会科学偶有涉猎,现在专注研究金融与心理学交叉的行为金融领域,但是我的生物学知识仅限于中学所学,而哲学对我来说,更是犹如天书,所以在翻译中时常会遇到"拦路虎",我已尽力去解决,但译本肯定仍有不足之处。这是一本开阔视野和增长知识的书,我赞同查理·芒格的投资理念,在投资实践中也是这样做的,但是茫茫知识的海洋,何时会有尽头。学得越多,才知道自己懂得实在太少。对我来说,读完这本书,学到了不少新知识,但愿这本书能够带给读者更多的教益,如作者期望,如能增加你的思想,丰富你的工具,则收获更大。

本书翻译过程中得到了香港大学李嘉诚医学院博士袁婷婷的帮助,特此一并致谢。

郑 磊

推荐阅读

序号	中文书名	定价
1	敢于梦想：Tiger21创始人写给创业者的40堂必修课	79
2	通向成功的交易心理学	79
3	价值投资的五大关键	80
4	比尔·米勒投资之道	80
5	趋势跟踪（原书第5版）	159
6	巴菲特的嘉年华：伯克希尔股东大会的故事	79
7	巴菲特之道（原书第3版）（典藏版）	79
8	短线交易秘诀（典藏版）	80
9	21条颠扑不破的交易真理	59
10	巴菲特的投资组合（典藏版）	59
11	短线狙击手：高胜率短线交易秘诀	79
12	格雷厄姆成长股投资策略	69
13	行为投资原则	69
14	炒掉你的股票分析师：证券分析从入门到实战（原书第2版）	79
15	格雷厄姆精选集：演说、文章及纽约金融学院讲义实录	69
16	与天为敌：一部人类风险探索史（典藏版）	89
17	驾驭交易（原书第3版）	129
18	大钱细思：优秀投资者如何思考和决断	89
19	投资策略实战分析（原书第4版·典藏版）	159
20	巴菲特的第一桶金	79
21	股市奇才：华尔街50年市场智慧	69
22	交易心理分析2.0：从交易训练到流程设计	99
23	金融交易圣经II：交易心智修炼	49
24	经典技术分析（原书第3版）（下）	89
25	经典技术分析（原书第3版）（上）	89
26	大熊市启示录：百年金融史中的超级恐慌与机会（原书第4版）	80
27	市场永远是对的：顺势投资的十大准则	69
28	行为金融与投资心理学（原书第6版）	59
29	蜡烛图方法：从入门到精通（原书第2版）	60
30	期货狙击手：交易赢家的21周操盘手记	80
31	投资交易心理分析（典藏版）	69
32	有效资产管理（典藏版）	59
33	客户的游艇在哪里：华尔街奇谈（典藏版）	39
34	跨市场交易策略（典藏版）	69
35	对冲基金怪杰（典藏版）	80
36	专业投机原理（典藏版）	99
37	价值投资的秘密：小投资者战胜基金经理的长线方法	49
38	投资思想史（典藏版）	99
39	金融交易圣经：发现你的赚钱天才	69
40	证券混沌操作法：股票、期货及外汇交易的低风险获利指南（典藏版）	59
41	外汇交易的10堂必修课（典藏版）	49
42	击败庄家：21点的有利策略	59
43	超级强势股：如何投资小盘价值成长股（典藏版）	59
44	金融怪杰：华尔街的顶级交易员（典藏版）	80
45	彼得·林奇教你理财（典藏版）	59
46	日本蜡烛图技术新解（典藏版）	60
47	股市长线法宝（典藏版）	80
48	股票投资的24堂必修课（典藏版）	45
49	蜡烛图精解：股票和期货交易的永恒技术（典藏版）	88
50	在股市大崩溃前抛出的人：巴鲁克自传（典藏版）	69
51	约翰·聂夫的成功投资（典藏版）	69
52	投资者的未来（典藏版）	80
53	沃伦·巴菲特如是说	59
54	笑傲股市（原书第4版.典藏版）	99

推荐阅读

序号	中文书名	定价
55	金钱传奇：科斯托拉尼的投资哲学	59
56	证券投资课	59
57	巴菲特致股东的信：投资者和公司高管教程（原书第4版）	99
58	彼得·林奇的成功投资(典藏版)	80
59	战胜华尔街(典藏版)	80
60	市场真相：看不见的手与脱缰的马	69
61	积极型资产配置指南：经济周期分析与六阶段投资时钟	69
62	麦克米伦谈期权（原书第2版）	120
63	漫步华尔街（原书第11版）	56
64	股市趋势技术分析（原书第10版）	168
65	赌神数学家：战胜拉斯维加斯和金融市场的财富公式	59
66	华尔街之舞：图解金融市场的周期与趋势	69
67	哈利·布朗的永久投资组合：无惧市场波动的不败投资法	69
68	憨夺型投资者	39
69	高胜算操盘：成功交易员完全教程	69
70	以交易为生（原书第2版）	36
71	证券投资心理学	49
72	技术分析与股市盈利预测：技术分析科学之父沙巴克经典教程	80
73	机械式交易系统：原理、构建与实战	80
74	交易择时技术分析：RSI、波浪理论、斐波纳契预测及复合指标的综合运用（原书第2版）	59
75	交易圣经	89
76	证券投机的艺术	59
77	择时与选股	45
78	技术分析（原书第5版）	100
79	缺口技术分析：让缺口变为股票的盈利	59
80	现代证券分析	80
81	查理·芒格的智慧：投资的格栅理论（原书第2版）	49
82	实证技术分析	75
83	期权投资策略（原书第5版）	169
84	简易期权（原书第3版）	59
85	赢得输家的游戏：精英投资者如何击败市场（原书第6版）	45
86	走进我的交易室	55
87	黄金屋：宏观对冲基金顶尖交易者的掘金之道（增订版）	59
88	马丁·惠特曼的价值投资方法：回归基本面	49
89	期权入门与精通：投机获利与风险管理（原书第2版）	49
90	以交易为生II：卖出的艺术	55
91	投资在第二个失去的十年	49
92	逆向投资策略	59
93	艾略特名著集（珍藏版）	32
94	向格雷厄姆学思考，向巴菲特学投资	38
95	向最伟大的股票操手学习	36
96	解读华尔街（原书第5版）	48
97	艾略特波浪理论：市场行为的关键（珍藏版）	38
98	恐慌与机会：如何把握股市动荡中的风险和机遇	36
99	超级金钱（珍藏版）	36
100	华尔街50年（珍藏版）	38
101	股市心理博弈（珍藏版）	58
102	通向财务自由之路（珍藏版）	69
103	投资新革命（珍藏版）	36
104	江恩华尔街45年（修订版）	36
105	如何从商品期货贸易中获利（修订版）	58
106	股市晴雨表（珍藏版）	38
107	投机与骗局（修订版）	36

巴芒投资学

分类	译者	书号	书名	定价
坎宁安作品	王冠亚	978-7-111-73935-7	超越巴菲特的伯克希尔：股神企业帝国的过去与未来	119元
	杨天南	978-7-111-59210-5	巴菲特致股东的信：投资者和公司高管教程（原书第4版）	128元
	王冠亚	978-7-111-67124-4	巴菲特的嘉年华：伯克希尔股东大会的故事	79元
哈格斯特朗作品	杨天南	978-7-111-74053-7	沃伦·巴菲特：终极金钱心智	79元
	杨天南	978-7-111-66880-0	巴菲特之道（原书第3版）	79元
	杨天南	978-7-111-66445-1	巴菲特的投资组合（典藏版）	59元
	郑磊	978-7-111-74897-7	查理·芒格的智慧：投资的格栅理论（原书第2版·纪念版）	79元
巴菲特投资案例集	杨天南	978-7-111-64043-1	巴菲特的第一桶金	79元
	杨天南	978-7-111-74154-1	巴菲特的伯克希尔崛起：从1亿到10亿美金的历程	79元